启创 QI CHUANG 社会工作实务系列丛书

U0747494

POJIE QINGSHAONIAN PIANCHA XINGWEI
SANJI YUFANG JIZHI JIERU ZHIYIN

破解青少年偏差行为

三级预防机制介入指引

广州市启创社会工作服务中心 编

中国社会出版社

国家一级出版社·全国百佳图书出版单位

图书在版编目 (CIP) 数据

破解青少年偏差行为：三级预防机制介入指引 ／ 广州市启创社会工作服务中心编 . -- 北京 ：中国社会出版社，2023.10

（启创社会工作实务系列丛书）

ISBN 978-7-5087-6934-9

Ⅰ.①破... Ⅱ.①广... Ⅲ.①青少年－不良行为－社会工作－中国 Ⅳ.①D669.5

中国国家版本馆 CIP 数据核字 (2023) 第 171179 号

出 版 人：程 伟		终 审 人：李新涛	
责任编辑：刘云燕		策划编辑：刘云燕	
责任校对：杜 康		封面设计：李 尘	

出版发行：中国社会出版社	地 址：北京市西城区二龙路甲 33 号	
邮政编码：100032	编辑部：(010)58124846	
网 址：shcbs.mca.gov.cn	发行部：(010)58124863；58124845	
经 销：新华书店		

印刷装订：河北鑫兆源印刷有限公司	开 本：170 mm×240 mm 1/16	
印 张：14.25	字 数：220 千字	
版 次：2023 年 10 月第 1 版	印 次：2023 年 10 月第 1 次印刷	
定 价：58.00 元		

中国社会出版社微信公众号

中国社会出版社天猫旗舰店

编委会

前　言

  青少年时期是一个人成长的关键期和转折期。伴随经济的高速发展，社会问题越发严峻，青少年偏差行为也随之增加。青少年是国家的未来，预防青少年偏差行为也关乎国家的和谐稳定，因此青少年偏差行为的预防和介入工作开始受到政府与学者们的重视。

  自 2008 年起，广州市启创社会工作服务中心（下称启创）与共青团广州市海珠区委员会共同协商，开启全国首批政府购买青少年事务社工服务项目——"青年地带"，为辖区内 6~30 岁青少年及其家庭提供预防违法犯罪、权益保障、心理健康等方面的服务，促进青少年积极正向成长。近年来，启创社工在一线服务过程中发现，随着新冠疫情的发生，青少年心理健康、不良行为等偏差问题表现得更加突出。青少年犯罪呈现低龄化、暴力化、手法成人化、智能化的趋势。启创在青少年行为偏差的预防工作上一直在进行积极、有效的探索，启创的服务以广州、佛山、江门、中山为中心，辐射到粤东西北以及四川等地，在这些地方的不同社区、学校开展实践。经过 15 年的实践探索，结合三级预防理论和正向青年发展理论，逐步探索青少年偏差行为三级预防机制，形成一套闭环的、本土化的预防青少年偏差行为的经验模式。因此，我们将这些经验进行总结整理，分享给更多从事青少年服务方面的同行，这是我们编写本书的初衷。

  青少年偏差行为三级预防机制的提出，有效地疏通了青少年服务工作者的服务逻辑，从服务顶层进行谋划，提升了服务的专业性和有效性。对青少年偏差行为进行层次性介入，可以保障资源有效精准投放，将大部分的资源投放于预防青少年偏差行为工作的前端，精准应对处于中间层面的青少年疑似问题，有效治疗青少年偏差行为，恢复青少年正常生活，大大降低处理青少年偏差行为的社会成本。

本书主要以启创 15 年的一线本土化经验为基础，完善与创新了青少年偏差行为三级预防机制，共分为青少年偏差行为的现状、青少年偏差行为与三级预防机制及三级预防机制介入青少年偏差行为案例三个篇章，通过青少年偏差行为的成因分析、三级预防机制的总结与探索、三级预防机制介入青少年偏差行为的应用和实务案例，为青少年服务工作者提供理论和实践参考，使读者更好地掌握青少年偏差行为预防的方法。

广州市启创社会工作服务中心

2023 年 4 月

序一

十五载深耕　伴青少年成长

社会对每个孩子都有着乐观的期盼，希望其不但拥有健康的身体，而且也拥有良好的品格，能成长为有能力、有自信心的青少年。但是因为环境差异，每个人的成长历程因受到不同因素的影响而出现不同轨迹，表现出不同心理状况和行为特征。大多青少年有着良好的适应能力，在学校、社区、家庭内能循序渐进地完成学业，直至就业，在各方面基本能满足社会的期望。但也有不少青少年遇到挫折，或处于负面的人际关系中时，会产生精神问题，产生极端、不为社会规范所接纳，甚至还可能违法的行为。

自 2008 年起，广州市启创社会工作服务中心承接了广东省第一个政府购买的社会工作服务项目，服务的目标群体就是青少年，当时我与共青团广州市珠海区委员会领导和社工伙伴们，设计了"青年地带"模式，目标是将"家庭—学校—社区"三个社会体系联动起来，为青少年创造健康的成长空间。多年来，虽然"青年地带"的模式和内容已有不少的改变，但我们仍然坚守着基本的目标。这本书总结了 15 年来从事启创青少年服务的社会工作专业人士的经验，分析青少年偏差行为的成因、不良影响及接受专业服务的过程，总结形成青少年偏差行为的三级预防介入机制。

实践证明，正向心理因素培养对青少年的健康成长，特别是精神健康最为重要。本书提出三级预防机制，其中最关键的阶段是预防，也是最为人们所忽略或轻视的，包括父母、照顾者、老师、政策制定者在内，大多数人在问题出现时才寻求解决方法，这往往令社工在辅导过程中感到惋惜和难以应对。所以在帮助遇到困扰的青少年时，社工必须寻求各方的协作，才能帮助他们重建心理健康及适应社会的行为。当然，我们最终的目标是促进社会在青少年成长的过程中，能正面鼓励、教育和引导他们，让他们成为有自信、有能力、有好品格，能关怀他人、能联结社会、能贡献社会的积极正向的青少年。

广州市启创社会工作服务中心总监

罗现翠

2023 年 4 月

序二

一本推进青少年社会工作本土化的好书

在全国上下认真学习落实党的二十大会议精神，青少年工作者围绕培育"有理想，敢担当，能吃苦，肯奋斗的新时代好青年"这一重要方向，为推进中国式社会主义现代化努力提供坚实人才基础的形势下，由广州市启创社会工作服务中心编写出版的《破解青少年偏差行为——三级预防机制介入指引》问世，这本书所呈现的是以罗观翠教授为首的资深社会工作专家团队的高水平理论成果，是对启创社会工作服务中心服务团队致力于青少年服务 15 年一线经验的提炼与升华。该书不但进行了深刻的理论思考与整合，以及深层次的、全面的价值伦理的指导，同时提供了很多具体的应用方法，能够直接运用到行为偏差青少年的预防介入中。可用于判断分析、方案制订等具体实务工作中。是一本为在社会复杂变迁和挑战中遇到问题，产生行为偏差的青少年群体，提供有针对性和时效性的服务的教科书。相信它的出版会对青少年社会工作的进一步科学化、专业化发挥重要的指导作用，同时也会给建构独具特色的中国式青少年工作模式，带来独特的启示。

这是一本极具时代意义的好书。当今世界正处于百年未遇的大变局之中，个体与外部之间的关系成为当今世界人的发展的重要课题，人的生活方式、人生选择、精神动力，社会秩序、社会矛盾、社会各类事物的形态，都面临着新的多元化的挑战。特别是经历了半个世纪快速发展的中国，进入了国家治理体系和治理能力现代化的新阶段，可持续发展的人力储备必然成为重要的发展策略。青少年对人类社会发展的未来性和基础性的地位，使得青少年发展成为极具时代性的人类共同命题。从本质来看，"青少年阶段"就是为一个合格的社会人做准备的阶段，而形成"自我"

的概念,对青少年比其他任何年龄的群体都更具有意义。因此,处在变革形势下,青少年更容易产生各种发展危机,各种偏差和问题势必越来越多元、越来越复杂。在这样的背景下,《破解青少年偏差行为——三级预防机制介入指引》的出版必然具有极其重要的意义。

这是一本对新时代青少年工作发展具有强烈针对意义的好书。中国共产党成立100年来,我国始终高度重视青少年工作,也逐渐形成了独具中国特色的青少年工作模式。当代中国青年也呈现出有理想、有作为、高素质、国际化等精神风貌。但是回顾反思,我们也看到,长期以来,中国青少年工作存在着某些偏差。当代中国青少年,和世界各国青少年一样,有生存和发展的压力,有对社会某些方面的牢骚不满;在现实生活中,他们面临的是不断增加的发展压力与日渐强烈的自主性、参与性诉求之间的矛盾冲突,某些人会迷失方向,成为问题群体的一员。而在实际工作中,在坚守大视野、大格局的总体思路下,我们对于个体青少年人本意义上的诉求重视不够,对于发生的包括各种心理问题的偏差有效应对不足,更缺少成形的有针对性的经验。面对越来越多出现的包括网络成瘾、心理发展异常、青少年自杀、行为偏差犯罪等问题,《破解青少年偏差行为——三级预防机制介入指引》的出版,无疑将发挥春风化雨的作用,有效推动我国青少年社会工作本土化发展。

这是一本既有理论创新意义,又有强烈实践指导性的好书。青少年社会工作专业伦理和技能引入我国青少年社会工作实务已经有了很长一段时间。广东省作为改革开放的前沿,毗邻港澳,更是积累了很多本土化发展的经验。启创社会工作服务中心青少年服务团队在广东辛勤耕耘15年,有大量的适应中国社会且接地气的案例积累,同时又有广东高校社会工作专业的大力支持。所以《破解青少年偏差行为——三级预防机制介入指引》具有专业青少年社会工作服务理论的高度,是以人的发展理论为基础,整合三级预防理论,建构起一个应对、处理青少年偏差行为的理论架构,并以此为指导,坚持预防为主的基本原则,形成了处理青少年偏差行为三级预防机制。这一机制是一个由从分析判断到方案设计再到服务干预,最终实现服务对象生态系统健康建构的、多模块组成的完整系统,其中偏差现状及成因分析、三级预防机制的实操展现、本土化的案例，既有科学的理论思考，又突出了实操性。对于广大青少年服务机构和工作者而言，阅读学习此书，不仅可以掌握实际的工作方法、具体的工具操作，而且能够把握理解其背后的理论依据，体会其中的根本伦理价值以及工具价值。从这个意义上说，《破解青少年偏差行为——三级预防机制介入指引》是一本教科书，一本直接指导青少年行为偏差治疗服务的教科书，更是一本丰富和深化本土化中国青少年工作模式的教科书，启创社会工作服务中心的经验值得在青少年服务工作中广泛推广。

好书需要认真学，认真读。期望《破解青少年偏差行为——三级预防机制介入指引》的出版能够进一步激发社会各界重视问题青少年，重视青少年偏差行为问题，特别是要重视预防的思想和意识，推动全社会把更多的资源放在问题青少年、青少年偏差行为的预防上；期望全社会都能够进一步增强法治观念，落实新修订的《中华人民共和国未成年人保护法》《中华人民共和国家庭教育促进法》等事关青少年发展的法律和相关文件精神；期望全社会进一步动员，推动家庭、学校、社会三位一体形成合力；也希望党政机关、群团组织和基层社区，特别是青少年服务组织，所有与青少年工作相关的人员都能够进一步树立保护青少年，对于青少年偏差行为问题高度重视的意识；也希望启创社会工作服务中心青少年服务团队能够坚持走在中国特色青少年工作的前沿，创造出更多更好的既有理论指导，又有实践意义的好经验、好作品来。

中央团校（中国青年政治学院）教授

陆士桢

2023 年 4 月

目　录

第三篇　三级预防机制介入青少年偏差行为案例

第一篇

青少年的偏差行为现状

　　随着我国经济社会发展，青少年受到家庭、学校、社会以及青少年自身等因素的影响，使得不少青少年产生了偏差行为，更有甚者影响到了社会的长治久安。

　　本编主要通过对青少年偏差行为的界定和归因，分析青少年违法犯罪行为、心理成瘾、不良行为、负面情绪等青少年偏差行为，让读者可以全面了解青少年偏差行为的基本情况，以及背后的原因，为服务介入奠定基础。

第一章　青少年偏差行为的界定与归因

一、青少年偏差行为的界定

（一）青少年的界定

1. 相关青少年研究

青少年是指个体从不成熟走向成熟、从儿童走向成人的一个过渡时期，也指从儿童向成人过渡的人类群体。青少年是行为科学重点研究对象之一。随着行为科学的范围不断延伸，从生理学、心理学、社会学乃至环境生态学等的深入专题研究，到跨学科的综合理论发展以及实证研究所得的成果中，我们对青少年的成长有了更深入和全面的了解。

生理层面一般以人体的发育程度来界定青少年，如大脑和神经系统的发达、身体体重的变化、心血管系统的完善以及由内分泌系统的发育所导致的性成熟等。青少年最根本的生理特征是身体机能处于人生最旺盛的巅峰阶段，身体形态发生巨变，身体内部机能迅速健全，大脑和神经系统高度发达，最大特点是性的成熟。我国的青少年青春期起始年龄平均在13～15岁，但出现了发育成熟趋早的情况[①]。

心理层面通常以人的智力发展水平为依据，以人的个性的形成，情感特征、自我特征等心理机制的质变为依据来界定青少年，把青少年的标志定位于心智达到一定成熟的状态。整个青少年期正是发展自我意识和独立个性的时期。青少年自我意识及独立性增强，情绪变化显著，性心理有所发展，注重与同伴的关系等。

---

① 陆士桢，王玥. 青少年社会工作 [M]. 北京：社会科学文献出版社，2012：4.

社会层面将青少年看作人社会化的一个必经阶段。在青少年时期，青少年参与社会的程度不断加大，社会化的进程迅速加剧。青少年前期的主要任务是确立积极的自我概念，中期主要在于加强角色学习，建立并塑造健康人格，后期主要是继续社会化和再社会化。早年，我国较重视完善青少年教育体系，从课程的设计及执行中，向青少年灌输知识、社会价值观及行为规范，引导青少年学习社会任务和角色。过去二三十年，国家更参考了不少国外的理论，在不同的地方进行本土研究，其成果促进了对青少年的了解和不断调整培育方案。

2. 青少年年龄的界定

对青少年的概念存在不同的解释，青少年的年龄定义也有着不同划分，并随着社会经济、政治、文化的发展与变化有所调整。

生理层面，以人在青春期生理发育的正态曲线分布为基础，把 15～25 岁的人界定为青年；心理层面，根据人的生理和心理的发展特点，把青年界定为 13～25 岁；社会层面从社会化角度看青少年，青年期的上限以"获得职业、经济自立、建立家庭"为标志，随着现代青年就业和结婚年龄的后移，青少年的年龄范围扩大到 35 岁甚至 40 岁以内；法律层面则以能够完全承担法律所规定权利和义务的 18 岁作为成年人和未成年人的划分界限。在我国公安系统，青少年的年龄界定在 13～25 周岁，既包括部分 18 周岁以下的未成年人，也包括部分 19～25 周岁的成年人。在共青团系统，目前规定的团员年龄为 14～28 岁。中共中央　国务院印发的《中长期青年发展规划（2016—2025 年）》所指的青年年龄范围是 14～35 周岁。《广东中长期青年发展规划（2018—2025 年）》同样将青年年龄界限定为 14～35 周岁。

青年年龄组在国际上没有普遍认可的定义。但出于统计目的，在不影响会员国所作任何其他定义的情况下，联合国将"青年"定义为年龄介于 15 岁与 24 岁之间的人[①]。1995 年，第五十届联合国大会通过《到 2000 年及其后世界青年行动纲领》，作为国际社会关于青年问题的第一个全面系

---

① 联合国官网，https://www.un.org/zh/global-issues/youth。

统的纲领性国际文献，明确规定青年为15~24岁年龄组的人口。世界卫生组织关于青少年的年龄界定范围是"10余岁"这个时期，即10~19岁。其中10~14岁为青春期早期，15~19岁为青春期后期①。

3. 本书对青少年的界定

综合以上方面，本书将青少年的年龄范围界定为13~35岁。一方面，青少年年龄下限应考虑人体的发育和智力水平的发展程度，参考我国青少年青春期平均起始年龄以及心理层面定义，将青少年的年龄下限界定为13岁。另一方面，青少年年龄上限要考虑到青少年社会成熟条件，即结束学业与获得职业、结婚及成立家庭，国家和广东省青年发展规划作为国内及省内首个针对青年群体成长发展的规划，能够较好掌握我国国情以及省内青年群体的思想、就业和结婚年龄的真实状况，因此参考规划将青少年年龄上限界定在35岁。

由此，本书将青少年定义为"13~35岁，处于身心迅速发育发展和社会化加剧的年青一代"，重点探讨该年龄段群体的偏差行为，为更有针对性地开展介入服务提供思路，达到未雨绸缪、防微杜渐的效果。

由于中、外在青少年相关研究上皆有海量的理论、文章、资料，本书不在理论层面作重点叙述，而偏重综合应用相关的理论服务社会工作实务，特别是介入模式的建立，以及对不同情况、问题解决的方案和执行等的思考，并探索成长环境与心理精神健康相关的问题等。

（二）偏差行为的界定

中国人民大学社会学教授郑杭生在《社会学概论新修》中指出，越轨行为，又称离轨行为或偏离行为，是社会成员（包括社会个体、社会群体和社会组织）偏离或违反现存社会规范的行为②。中国青年政治学院许莉娅教授在《学校社会工作》一书中提到，从心理健康的角度来看，人们的心理状态可以分为正常状态（常态）、不平衡状态（偏态）、不健康状态或

---

① 于晶利，刘世颖.青少年社会工作［M］.上海：格致出版社；上海：上海人民出版社，2019：2.

② 郑航生.社会学概论新修［M］.北京：中国人民大学出版社，2003：412.

病态（变态）。个体处于不健康状态，会非线性地发生不适应行为，包括反社会行为和异常行为[1]。我国台湾师大吴武典教授将偏差行为解释为"显著异于常态而妨碍个人正常生活适应的行为"。

社会学认为，青少年偏差行为是青少年违反某种规范、不被社会认可，并对社会、家庭或个人带来不同程度的危害的行为。心理学认为，青少年在社会化过程中，因遭受挫折与干扰，内心动机无法实现，从而产生焦虑、紧张或沮丧、失意等情绪，个别表现为狂妄自大、暴躁、孤僻、冷淡、自卑、娇气、懒惰等性格缺陷[2]。教育学认为，青少年违背学生守则、学生日常行为规范、公共道德规范的行为，如迟到、旷课、说谎等称为违反纪律行为或轻度偏差行为；酗酒、斗殴、自杀等虽对社会造成危害但尚未构成犯罪的行为称为严重偏差行为[3]。

我国在法律上没有给"青少年偏差行为"作明确的定义，但在2021年6月1日新修订的《中华人民共和国预防未成年人犯罪法》提出了"不良行为"与"严重不良行为"两个概念。该法第三章第十四条规定："未成年人的父母或者其他监护人和学校应当教育未成年人不得有下列不良行为：①旷课、夜不归宿；②携带管制刀具；③打架斗殴、辱骂他人；④强行向他人索要财物；⑤偷窃、故意毁坏财物；⑥参与赌博或者变相赌博；⑦观看、收听色情、淫秽的音像制品、读物等；⑧进入法律、法规规定未成年人不适宜进入的营业性歌舞厅等场所；⑨其他严重违背社会公德的不良行为。"第四章第三十四条规定："本法所称'严重不良行为'，是指下列严重危害社会，尚不够刑事处罚的违法行为：①纠集他人结伙滋事，扰乱治安；②携带管制刀具，屡教不改；③多次拦截殴打他人或者强行索要他人财物；④传播淫秽的读物或者音像制品等；⑤进行淫乱或者色情、卖淫活动；⑥多次偷窃；⑦参与赌博，屡教不改；⑧吸食、注射毒品；⑨其他严重危害社会的行为。"

---

① 许莉娅. 学校社会工作 [M]. 北京：高等教育出版社，2016：208 – 209.

② 崔慕岳，乔卫，李霄锋. 试论青少年偏差行为的发生及干预 [J]. 开封大学学报，2011，25（3）：73 – 75.

③ 同②.

笔者引用中南民族大学邓欣对青少年偏差行为的分类，认为青少年偏差行为有以下主要表现形式：①违纪行为，即违反特定场合特定管理规范的行为，如学生考试作弊、旷课、逃课等。②违德行为，即违反社会道德规范的行为，如闯红灯、说谎、啃老等。③不适当行为，即与人们普遍认为"应该如此"的原则或理念不一致的行为，如离家出走、吸烟、赌博、未婚先孕等。④自毁行为，即违反社会规范并对自身造成伤害的行为，如自残自杀、酗酒、吸毒等。⑤异常行为，即由于个体自身某些特殊的精神问题或心理因素及其变化引起的违反社会规范的行为。这种偏差行为更多的只是因为自己行为的不正常而客观上造成对他人的损害。⑥反社会行为，即违反社会规范并对他人和社会造成某种程度破坏的行为，如学生欺凌、强奸等行为。其中第 4 条至第 6 条可能涉及青少年违法犯罪。①

通过社会学、心理学、教育学和我国法律对青少年偏差行为、不良行为的分析，本书认为青少年偏差行为可界定为：以 13～35 岁的青少年为主体，违反特定场合特定管理规则、社会道德规范以及法律法规等，对社会产生消极影响及危害的行为。青少年违法犯罪（打架斗殴、偷窃、强奸）、心理成瘾（沉迷网络、吸毒、校园贷等）、自残自杀等都属于本书所探讨的青少年偏差行为。

青少年偏差行为的最大特点在于行为发生在青少年这个特殊时期，该行为对其自身成长发育、心理健康、家庭和睦、学习状态以及朋辈群体交往等方面都有负面影响。另外，对于不被社会大众认可的偏差行为，青少年容易加剧逆反心理去表现，进而对社会稳定发展产生不利影响。面对有偏差行为的青少年，必须动员社会力量加以重视和综合治理。

二、青少年偏差行为的归因

青少年偏差行为产生的原因很复杂，是多种因素交互影响的结果，有青少年个体内在因素影响，也有朋辈、家庭、学校、社会等外部环境的影响。

---

① 邓欣. 青少年偏差行为及其预防措施 [J]. 咸宁学院学报，2010，30 (4)：9－10，16.

（一）青少年自身因素

青少年自身原因被认为是偏差行为发生的决定性因素与本质原因。

1. 正向的自我认同未能建立

美国著名精神病医师埃里克森的人格发展八阶段理论认为，青少年面临着自我统一性和角色混乱的冲突，需要建立自我认同。青少年会在这个过程中提出一个重要问题"我是谁"。如果能够理解自己是怎样的人，接受并欣赏自己，他们的自我认同感得以形成，否则会以角色混乱状态离开这个阶段，从而产生生活无目标、无方向感，自我否定、叛逆、孤僻等偏差行为或心理。例如，一些缺乏学习动力、学习成绩不如意的青少年，他们在家庭、学校和人际关系方面难以获得重视与肯定，甚至被打上"差生"等否定的标签。这部分青少年难以形成正确的自我认知，对自身的性格、容貌、能力等都产生自我怀疑与否定，其建立自我认同的发展任务不能顺利完成，导致心态及价值观的扭曲，进而产生偏差行为。他们通常缺乏对生活目标的追求，有的会内攻击，认为自己是"不好的""不值得被爱"，以退缩或自伤自残来对待自己；有的会外攻击，抱有"破罐破摔"的逆反心态，以暴力语言及行动攻击他人、报复社会，甚至走上违法犯罪的道路。

2. 情绪冲动多变，自制能力弱

青少年生理和心理尚未完全成熟，青春期身体发生许多变化，特别是激素水平变化容易造成青少年情绪的不稳定。同时青少年心智发育不成熟致使情绪稳定性差，自我控制力偏低。在波动多变的情绪影响下，他们在各类矛盾的激发下容易产生争强好胜的认知偏差进而冲动行事，通过偏差行为宣泄负面情绪。如打架斗殴是青少年常见的偏差行为，青少年往往只是因为"看对方不顺眼""对方说我坏话""为兄弟出气""宣泄情绪"等原因而参与打架。

3. 缺乏对社会道德、法律法规的信仰

青少年的道德观、人生观、价值观处于形成和发展阶段，尚未形成对社会道德、法律规范的尊重和信仰。道德及法律意识淡薄，较少以法律规范行为、以法律保障自身利益的意识。最高人民检察院发布的《未成年人检察工作白皮书（2021）》显示，（未成年人）盗窃罪、聚众斗殴罪、强奸罪、抢劫罪、寻衅滋事罪五类主要犯罪占比超三分之二。从未成年人犯罪嫌疑人犯罪动机来看，较多存在着缺乏道德法治观念，没有意识到犯罪可能产生的法律后果的现象。例如，部分盗窃、暴力犯罪的嫌疑人知法犯法，或抱有侥幸心理，或挑战法律底线。部分强奸罪的嫌疑人不清楚强奸罪的定义，以为与 14 岁以下女友自愿发生性行为是正常的事，在懵懂的情况下触犯法律。

4. 社会阅历少，缺乏明辨是非的能力

青少年较少与社区互动，缺乏社会阅历，容易轻信他人和上当受骗，面对潜在的危机与风险，缺乏明辨是非的能力。如帮信罪是电信网络犯罪的重要"帮凶"，最高人民检察院披露的 2022 年上半年数据显示，帮信罪犯罪低龄化现象突出，18～22 岁的占 23.7%。这部分青少年因为社会阅历少，不能辨别出租、出售"两卡"或在校园内招揽同学收购"两卡"已构成违法犯罪，对电信诈骗的犯罪类型与法律责任一无所知，多在高额回报的诱惑下而盲目行动，酿成大错时才因为自己的无知而追悔莫及。另外，在网络交友过程中，青少年容易轻信异性网友所营造的良好形象与花言巧语，享受与异性网友建立暧昧的恋爱关系，不能判断网友的真实目的和意图，进而出现暴露个人信息而被骗取金钱的情况。还有的私下与网友见面而过早发生性行为，个别甚至遭遇猥亵、强奸、堕胎、性病等不良后果。

（二）家庭因素

家庭对青少年成长具有不可替代的重要性和存在价值，家庭因素是影响青少年偏差行为最为重要的外在环境因素。

1. 家庭结构不健全

家庭结构是指家庭成员的组合及相互间的联系。家庭结构不健全，有核心家庭的失能、家庭结构不完整等情况。前者主要指核心家庭的父母忙于应对工作而没有过多的时间和精力关注子女教育的状况；后者指家庭中父母感情破裂，或因为离婚、死亡、服刑及其他原因失去了其中一方或双方的状况。因为各种原因造成家庭结构不健全的现象，使得父母职能缺失，家庭教育功能削弱，青少年缺乏父母的关爱及正向教育引导，对其身心的健康成长造成较大的负面影响，容易引发各类偏差行为。

其中，离婚是威胁儿童青少年最严重和最复杂的精神健康危机之一。民政部门公布的数据显示，中国近几年的离婚率年年攀升，2022年中国离婚登记人数占结婚登记人数的比重为30.7%。大部分离婚夫妻存在对抗、冲动、偏激、不理性、情绪多变等情况，他们在处理离婚的过程或离婚后均难以进行理性沟通，双方将负面情绪发泄在孩子身上，严重忽视子女的心理和情绪需求。个别离婚后获得子女抚养权的一方，会拒绝对方前来探视孩子，忽略孩子希望获得父母双方关爱的感受、需求和权利。同时，青少年可能会因未能适应离异后的家庭状况，出现悲伤、孤单、不安、愤怒和无助等情绪。不同年龄段的孩子会出现不同的偏差行为，严重者会出现头痛、肚子痛或其他身体上的痛症。

2. 教养方式不当

不同的家庭教养方式对青少年的心理产生着不同的影响，出现违法犯罪行为的青少年即使生活在完整家庭，他们家人一般也会存在不当的教养方式，家长过于专制、溺爱或放养的教养方式更容易导致青少年偏差行为的产生。

专制的父母希望拥有绝对的权威与控制权，对孩子生活、学习、交友有诸多限制与操控，并让子女自我发展的需要被长期压抑。这些孩子的表现有两极分化的情况，要么与父母对抗、叛逆，要么被动、消极、无主见、无目标。

对孩子过于溺爱的父母以孩子为中心，事无巨细、包办一切，孩子在家庭中获得特殊照顾，犯错后会有人出面袒护。这些青少年在人际交往中往往以自我为中心，独立能力差，缺乏责任心和同理心，甚至在学校、社会上遇到不顺心的事情时就会产生不计后果的过激行为，无法无天。

放养式的父母忽视子女感情需求，缺少对孩子成长的陪伴、监管和教育，与孩子的关系是冷漠和疏离的。这些青少年因为缺爱，一部分会容易出现自我否定、孤僻封闭，甚至自虐自毁的偏差想法和行为；另一部分容易早早远离父母随朋友到处漂泊，生活地点和工作不固定，加剧偏差行为的风险。

3. 家长忽视言传身教

父母是孩子的第一任老师，家长的言传身教对青少年健康成长起到示范和榜样的作用。有关青少年犯罪研究表明，父母的言行失当是青少年偏差行为的直接诱因。父母的人生观、价值观，应对冲突的模式、情绪发泄的方式等一定程度上会在孩子身上得以传承。若父母关系不和谐，习惯以负面思维待人接物，以暴力、冲动、逃避等方式处理冲突，以自伤自残、酗酒、摔东西等偏激的方式发泄负面情绪等，孩子都可能受到潜移默化的影响而采纳为自身的思维和行为模式。如青少年发生肢体冲突行为后，父母认为自己的孩子不能吃亏，教育孩子"打要还手"，往后青少年在遇到类似的情景时，就会增加以暴制暴的行为风险。

（三）朋辈因素

青少年追求与朋辈群体的交往，他们对朋辈的认同超越了对家长的认同。因此，朋辈群体也是青少年偏差行为产生的十分重要的影响因素。

1. 寻求朋辈群体归属感和认同感

为了获得朋辈的认可，青少年会做出与该群体趋同的行为，并无条件地遵从群体的理想、行为标准和道德观念，以引起他人的注意，争取融入该圈子，凸显自己在群体中的地位。若青少年所结交的是不良朋辈和社会青年，他们更容易表现出偏差行为。在未成年人团伙作案的案件中，大部分犯罪嫌疑人都会受到团伙的影响而参与拉车门、偷窃、斗殴等，一部分嫌疑人在作案前会有所犹豫，但在伙伴的挑衅与推动下，他们自己也会抱着"大家都这样"的侥幸心理或"要讲江湖义气""这样我很厉害"的逞强心态去铤而走险。

2. 朋辈群体之间的模仿行为

朋辈群体是青少年言行的重要参照群体，为青少年提供了互相模仿的对象，影响着青少年的自我调节能力和道德行为。群体在互相模仿的过程中，形成与社会主流文化相冲突的群体亚文化。消极的群体亚文化对青少年价值观形成产生负面影响，青少年对消极的群体亚文化接触范围越大，青少年偏差行为越呈现出多样化的特点，其极有可能会从被动的模仿者变成主动的传播者。

存在自伤自残自杀念头及情绪病的青少年更倾向于在网上找到与自己有类似经历的网友和群组来互相慰藉，他们认为与自己同病相怜的人最能理解自己的感受。一旦有网友发出自残的照片，他们会模仿着自残。群组中充斥着各种消极的思想与偏激的氛围，也会加剧青少年心态的扭曲，致使他们持续陷入痛苦的泥沼而无法自拔。

（四）学校因素

学校作为青少年教育的专门机构，是青少年社会化的主要场所，它承担着促进青少年社会化的职责。学校教育存在的问题也会对青少年偏差行为造成一定影响。

1. 教育理念误差

学校重"智育"和轻"德育"的倾向依然存在。一方面，部分老师会按照学习成绩来对学生定性和区别化对待，对成绩好的学生偏爱和照顾，对学习困难的学生则缺乏耐心的指导和帮助，甚至把他们看成"累赘"。这些被贴上"差生"标签的青少年，由于得不到老师的关爱和同学的认同，逐渐被边缘化，造成他们的自卑和自暴自弃，激发师生矛盾，致使他们采用极端的行为表达内心的不满。另一方面，大部分青少年会在此教学氛围中感到有压力，处于紧张和焦虑状态，追求分数的提升，忽视自身道德素质和心理素质的提升。学校在开展道德教育、心理健康教育和法制教育时缺乏有效方法和专业资源，容易流于表面，内容空泛乏味，未能使青少年切实获得正向的认知和方法。青少年早恋、逃学、打架斗殴、抽烟等偏差行为屡见不鲜，较难有效地培养青少年正确的人生观、价值观和是非观。

2. 教师精力有限

教师是促进青少年形成健康心理素质、正向道德观和人生观的重要力量。学校教师的首要职责是完成教学任务，在教育任务紧张、教学资源不足的情况下，教师会聚焦讲授书本知识，进而难以充分关注到每位学生的特殊需求，难以完全把握每位学生的学习和生活状态，对德育工作感到有心无力，一定程度上会忽视个别学生的内心诉求。若老师及时发现青少年偏差行为的苗头，及时给予关心与情绪疏导，并且联合家庭及专业资源加以正确引导和教育，可能会帮助学生度过困境，减少青少年偏差行为的出现。

（五）社会因素

1. 大众传媒负面影响

班杜拉认为，随着科技进步带来的新媒体如电视、电影、网络以及社交平台等视觉宣传媒介的快速发展和大量使用，生活中与青少年密切接触的人物，如家人、老师等，对青少年社会化的示范性作用将退化减弱，逐步让位于媒体对青少年发展的影响地位。可见，社会因素中的大众传媒，对青少年偏差行为的影响不容忽视。

越来越多的青少年通过大众传媒获得各类知识，心智尚未成熟的青少年更容易受到负面影响。当中不健康的暴力、色情、恐怖等内容一定程度上对青少年偏差行为起到示范作用。有青少年浏览色情网站后产生了"试一试"的念头，进而邀约未成年少女到宾馆实施强制猥亵或强奸。有青少年阅读血腥暴力的文学作品后，激发了违法犯罪的念头，随机对他人发起攻击。也有不少在现实生活中屡受挫折、缺少自信的青少年，在网络游戏构建的虚拟场景中，通过操纵游戏角色，体验了实现目标、获得成功的满足感，他们沉迷网络世界不能自拔，回归现实世界时自卑、失落与空虚感加剧，催生了逃学、偷拿他人钱财等偏差行为。

2. 不良价值观冲击

社会快速发展转型，对人们各种价值标准、行为规范和道德要求提出新的考验和挑战，一些负面的社会文化氛围为青少年偏差行为的产生提供了社会的土壤。一些不健康西方文化的乘虚而入，黄、赌、毒的不良社会风气、某些地区社会恶势力的猖獗、非理性的消费观误导等，为入世尚浅的青少年提供了错误的示范，严重地影响着青少年的健康成长。例如，在崇尚消费的社会风气影响下，校园贷在青年群体中有蔓延趋势，大学生因为虚荣和攀比陷入以贷还贷的债务陷阱，无法偿还债务而自杀等负面事件屡屡见报。

3. 社会政策实施中的缺失

我国为保障青少年健康成长制定了各类社会政策，但由于政策的执行人对社会政策的认识和理解不同，并受到利益动机等因素的影响，他们往往难以将政策执行到位；同时，社会缺乏针对社会政策落实的有效宣传与有力监管，政策执行人对违反政策所需承担的后果和法律责任并无深刻的认识。以上情况一定程度上助长了青少年偏差行为的发生。

例如，《中华人民共和国未成年人保护法》第四章第五十七条对旅馆、宾馆、酒店等住宿经营者提出了明确规定，要求接待未成年人或未成年人和成年人共同入住时，要询问监护人的相关信息；发现有违法犯罪嫌疑的要向公安机关报告，并联系未成年人的监护人。但这些场所经营者通常为谋求利益而选择忽视法律法规，助长了性犯罪等的滋生，也为未成年人过早性行为提供了空间。在近年的未成年人遭受性侵害案件中，不乏发生在以上场所的案件，有网友把第一次见面的未成年少女骗到宾馆强奸的，也有陌生大叔以糖果诱骗女童到宾馆进行猥亵的，还有犯罪团伙诱骗、组织少女卖淫的。

4. 社会刻板印象标签

社区是青少年生活和成长的地方，社区环境对偏差行为青少年的不理解、漠视与疏离也不利于青少年的健康成长。社会容易对存在偏差行为的青少年产生偏见，各类不良的标签严重影响他们，使得他们难以回归正常生活的轨道。例如，目前社会对青少年患抑郁症的认识较为浅薄，存在"抑郁症就是想太多""抑郁症不用吃药能自愈"等认知误差，抑郁症青少年被冠以"作死""矫情"的标签，他们的情绪和行为难以获得家庭、社区的理解与关注，他们长期处于沮丧、挫败、绝望的情绪中，这些将强化其偏差行为的产生，导致原本轻度的偏差行为愈演愈烈。

第二章 青少年偏差行为的分析

一、青少年违法犯罪行为分析

青少年犯罪是指儿童向青年期过渡这个特定年龄阶段的人实施的犯罪行为。狭义的青少年犯罪是指 14～25 岁的人所实施的依法应当受刑事处罚的行为；广义的青少年犯罪是指 6～25 岁的人实施的犯罪行为、触犯治安管理条例的违法行为和违反道德规范的不良行为。本书主要讨论 13～35 岁青少年群体，特别是青少年实施的犯罪行为和触犯治安管理条例的违法行为，目标范围不在于"罪与非罪"或"判与不判"，而在于目标群体"已实施"犯罪或"已触犯"法律。

（一）现状分析

青少年违法犯罪一直是社会关注的热点问题，为了防止该问题的进一步恶化，在中央综治委预防青少年违法犯罪工作组的指导下，2017 年中国预防青少年犯罪研究会再次在全国范围内开展了为期 2 个月的未成年犯罪的状况调查。调查报告指出我国 2000—2016 年未成年犯罪总体情况：2002 年—2004 年未成年犯罪人数快速上升，此后增长趋势减缓并于 2008 年达到顶峰，2009—2016 年人数开始呈递减趋势，平均每年递减 10.76%[1]。（如图 2 - 1 所示）

---

[1] 路琦，郭开元，张萌，等.2017 年我国未成年人犯罪研究报告：基于未成年犯与其他群体的比较研究［J］.青少年犯罪问题，2018（6）：29 - 43.

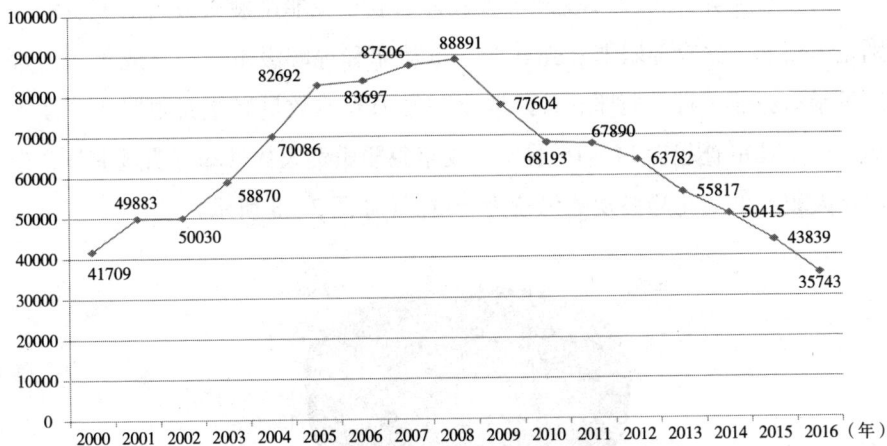

图2-1　2000—2016年全国法院判处未成年罪犯人数（单位：人）①

2021年4月，中央全面依法治国委员会把"坚持少捕慎诉慎押刑事司法政策，依法推进非羁押强制措施适用"列入2021年工作要点，作为研究推进的重大改革举措实施后，不捕率、不诉率和附条件不起诉率呈稳步上升趋势。2022年最高人民检察院发布的《未成年人检察工作白皮书（2021）》显示，2017—2021年未成年人犯罪数量出现反弹现象。（如图2-2所示）

图2-2　2017—2021年未成年人犯罪数据（单位：人）

---

①　路琦，郭开元，张萌，等.2017年我国未成年人犯罪研究报告：基于未成年犯与其他群体的比较研究［J］.青少年犯罪问题，2018（6）：29-43.

与往年无异，2021年受理审查起诉未成年犯罪嫌疑人数居前五位的分别是盗窃罪、聚众斗殴罪、强奸罪、抢劫罪和寻衅滋事罪。未成年人涉嫌严重暴力犯罪、毒品犯罪、校园欺凌和暴力犯罪数量和重新犯罪率持续下降，但受理审查起诉14~16周岁未成年犯罪嫌疑人数量却有明显上升，未成年人犯罪低龄化趋势现象仍较为严重。（如图2-3所示）

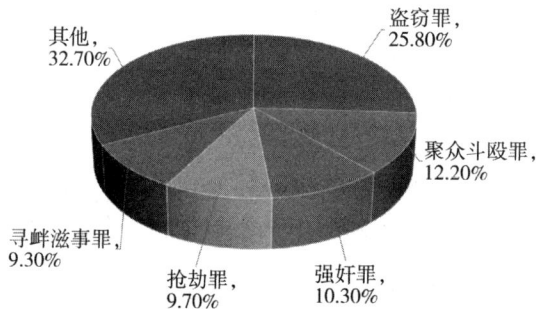

图2-3　2021年受理起诉未成年人犯罪主要罪名分布情况

近年由于受新冠疫情的影响，涉电信网络犯罪率上升较快，2021年检察机关分别起诉未成年人涉嫌利用电信网络犯罪3555人，同比上升21.25%。其中，未成年人涉嫌帮助信息网络犯罪活动明显上升，2021年起诉911人，同比上升6倍。无独有偶，结合中国互联网络信息中心《2021年全国未成年人互联网使用情况研究报告》和最高人民法院《2022涉信息网络犯罪特点和趋势司法大数据专题报告》，约有10%的未成年人曾参与网络犯罪，25.5%的青少年反馈半年内曾遭遇网络安全事件。2021年的《疫情防控背景下广州犯罪形势变化及治理对策》显示，涉网络诈骗案件持续高发，每年快速增长，占全市刑事警情的48%，青少年作为被害人的案件数量也呈日益上升趋势。

综上所述，国家一直对预防青少年违法犯罪议题十分关注。从青少年违法犯罪行为的发展上看，因为国家的重视，政策和法律上都有了进一步的保障，在"少捕慎诉慎押"政策的推动下，未成年人犯罪的整体数量呈总体下降趋势。但从犯罪类型来看，暴力犯罪和侵财型犯罪仍占多数，犯罪低龄化仍未见转好，随着社会发展更催生了网络犯罪，这值得社会进一步关注。

（二）政策环境

针对青少年违法犯罪，我国可依据《中华人民共和国未成年人保护法》《中华人民共和国预防未成年人犯罪法》（下称"未保法"和"预未法"）依法处理。"未保法"的定位是保护未成年人，实现未成年人利益的最大化，为未成年人的健康成长创造良好条件。重新修订的"未保法"最大亮点在于"六大保护"，包括家庭保护、学校保护、社会保护、网络保护、政府保护和司法保护。尤为值得关注的是以下方面：一是在家庭保护上，细化家庭监护职责，落实监护人对未成年人健康成长的责任。二是在学校保护上，强调建立学生欺凌防控制度和预防性侵害、性骚扰未成年人工作制度。三是在政府保护上，当监护人不能履行监护职责时，国家及时介入"国家亲权"。四是在司法保护上，关注未成年人的身心特点和健康成长的需要，实行教育、感化、挽救方针，"教育为主，惩罚为辅"的原则。

而2021年6月实施的"预未法"，其定位在于注重预防，采取教育、干预、矫治、帮教等多种措施，特点是"教育和挽救"，让违法犯罪的青少年重新回归社会。重新修订的"预未法"最大亮点在于：第一，对未成年人犯罪实施分级预防，对不良行为进行干预，对严重不良行为开展矫治，对犯罪行为惩处的同时进行帮教；第二，对我们的收容教养进行改革，将它纳入专门教育，建立专门矫治教育制度。"预未法"与其他部门法相关法律充分衔接，促进了法律体系的进一步完善。其中"预未法"规定，已满12周岁不满14周岁的人，犯故意杀人、故意伤害罪，致人死亡或者以特别残忍手段致人重伤造成严重残疾，情节恶劣，经最高人民检察院核准追诉的，应当负刑事责任。与之相联系，按照新修订的"预未法"，其他不满法定刑事责任年龄不予刑事处罚的未成年人，教育行政部门会同公安机关可以决定对其进行专门矫治教育。

总的来说，2021年是预防青少年违法犯罪工作的又一重要年份，相继重新修订和颁布的"未保法"和"预未法"，从法律制度上为青少年违法犯罪工作提供了依据和保障。而在两法出台之后，《中华人民共和国家庭教育促进法》和《关于健全学校家庭社会协同育人机制的意见》一方面完善了"未保法"关于家庭保护、学校保护和社会保护的细节；另一方面推动了预防青少年违法犯罪工作从预防层面保障青少年正向成长，进一步保护青少年的合法权益。

（三）存在问题

本章节所讨论青少年违法犯罪行为是"预未法"中的"严重不良行为"，属于标签理论中的次级越轨行为。对于违法犯罪青少年而言，实际上存在着两种不同类型的犯罪行为：一种犯罪称为终身型反社会行为，具体表现为一生都会持续犯罪；另一种是仅在青少年时期犯罪，被称为青少年暂时性反社会行为。而青少年的人格因素、青春期的身心变化、家庭和社会冲击都对青少年违法犯罪行为有所影响。

1. 反社会人格容易诱发持续性犯罪

青少年犯罪原因，与青少年成长的环境及人格的形成过程息息相关，即不良的人格很容易诱发青少年违法犯罪。其中，反社会意识、人格障碍与犯罪行为关联程度最高。反社会意识，是指青少年以"我"为核心，无视社会法律和道德的约束，没有社会公民的责任感和同理心，缺乏正确的世界观和人生观。人格是家庭、社会化的产物，失衡的家庭和社会促使人格发展逐步畸形，具有反社会性，从而形成人格障碍。同时，反社会人格较容易出现持续犯罪，在犯罪后并不会出现悔过心理，把自身犯罪归结于他人和社会的原因，对社会和他人充斥着恶意。在社工实务中这类青少年重犯概率较高，较难通过认知行为疗法调整其违法犯罪的倾向和行为。

2. 青春期的成长矛盾和心理困境容易诱发暂时性反社会行为

青少年在进入青春期后，呈现以下的身心成长特点，而受青春期影响的犯罪行为，大多属于青少年暂时性反社会行为。

在生理上，首先，因青春期发育加速，青少年的生理机能快速成长，身体技能也迅速发育，促使他们有充沛的精力和足够的体力。但由于身体发育与大脑发育存在不一致，导致大脑难以对身体机能进行合理有效的调节；其次，因青少年在青春期阶段对社会产生巨大的好奇心，促使他们对社会进行探索，在探索上男生较女生更具有冒险精神。但由于青少年的辨别能力、拒绝能力和自我控制能力较弱，在世界观、人生观和价值观尚未完善之下，容易受他人引诱，而走上违法犯罪的道路；最后，因青少年进入青春期后，第二性征发育较为健全，性意识逐渐被唤醒，在心智尚未成熟、自我控制能力尚有所欠缺的情况下，容易因冲动和欲望实施犯罪行为。

在心理上，进入青春期后青少年的自我意识日益增强，他们需要自己的空间和自由，同时也开始关注他人对自己的评价。因此，青少年希望以"成人"的身份存在，不再受家庭和学校过度的管束，他们需要并渴望找到适合自己的朋友圈，同时在朋友圈中找到自己的位置和价值，满足他人对自己的认可需要。在此心态之下，如果青少年的需要和渴望未被满足，他们容易有逆反心理，即社会上标签的"青少年叛逆心理"。在情绪上，青少年容易感情用事，以自我为中心，偏执、冲动和好胜，遇事容易急躁，缺乏理性思考。但因为青少年不希望再受父母和老师过度的管束，所以他们趋向于从同伴中寻找安全感，因此容易为了"江湖义气"而形成"团伙犯罪"。

3. 交往越轨同伴更容易诱发青少年越轨行为

美国犯罪学家埃德温·萨瑟兰提出的差别交往理论指出，犯罪的学习机制和其他类型的学习机制是相同的。犯罪学理论指出，犯罪人受同伴及其越轨行为影响，犯罪是社会化进程中的必然产物。比如，有学者对新西兰1265名儿童21年成长经历进行了纵向研究，证明了越轨同伴对14～15岁的青少年影响程度大于20～21岁的青少年。很多研究表明，越轨同伴只对青少年影响更为显著。我国在2004年专门成立了红皮书课题组，研究结果显示，无论在城市还是农村中成长的未成年犯都觉得朋友对其影响最大，85%以上的青少年认为自己出现的犯罪行为大多是因为受好朋友的影响。

4. 不良的休闲方式容易制造青少年违法犯罪的空间

在社会键理论中有一个假设，邪恶产生于懒人之手，如果身心休闲活动丰富，时间、精力和注意力都放在自己感兴趣的活动上，那么犯罪可能性就会降低。根据犯罪时空影响原理，一些青少年之所以产生犯罪心理，与犯罪控制的时空盲点有很大的关系。青少年的自由休闲时间较多，如果休闲辅导不足，社会大众普遍对"休闲辅导"缺乏认识，会使一部分青少年有时间去做一些有害的休闲活动，不良的休闲方式会直接影响青少年的身心健康。

5. 不良的家庭环境是青少年违法犯罪的培养土壤

家庭是青少年的第一课堂，我们分析青少年违法犯罪的成因离不开对其家庭的分析。首先必须谈及的是，家庭的教育模式不当是导致青少年出现偏差行为的第一诱因。"溺爱型""专制型""放任型"的教育方式往往使青少年不能很好地形成正确的世界观、人生观和价值观，甚至形成以自我为中心的偏执型反社会人格，一旦欲望不被满足，便很容易走上违法犯罪的道路。不当的教育模式容易让青少年产生不安全的依恋心理，阻碍青少年性格良性发展；同时家庭也无法适时约束青少年的偏差行为，弱化家长对青少年违法犯罪的控制作用。更多的案例显示，家庭反馈的不当情绪和行为，更加激化了青少年的逆反心理。再者，不当的教育模式会出现代际传递，加大下一代青少年违法犯罪的可能性。

另外，残缺的家庭结构是青少年违法犯罪的诱因。有研究表明，未与亲生父母生活或者父母离异的青少年存在更多的犯罪行为[1]。父亲缺位的青少年犯罪率是普通孩子的 3 倍，而仅与父亲生活的孩子的犯罪发生率与正常家庭无异[2]。因此，有研究探讨家庭社会资本与青少年犯罪行为关系，其中谈及父母与子女的良好关系是青少年适应社会的一个重要方面，是防止青少年走上违法犯罪道路的保护层。而青少年容易产生偏差行为，乃至走上违法犯罪道路，根本原因不是残缺的家庭结构，而在于家庭结构完整性破坏会对青少年心理上造成损害，以及家庭正

---

① REBECCA L F, BARRY R B. Relationships between Family and Community Factors on Delinquency and Violence among African American Adolescents: A Critical Review [J]. Race and Justice, 2015, 5 (4): 378 – 404.

② CYNTHIA C H, SARA S M. Father absence and youth incarceration [J]. Journal of Research on Adolescence, 2004, 14 (3): 369 – 397.

常教育的缺陷[①]。

如果家庭中父母存在违法犯罪行为，也在一定程度影响青少年的辨别能力和解决问题的倾向。如果父母在青少年重要时期因出现违法犯罪行为而被捕或入狱，一方面青少年可能面临监护缺失的情况；另一方面这对青少年的身心健康会产生巨大的影响，青少年可能会被标签化，监护缺失和负面的标签都为青少年走向犯罪道路埋下了极大的隐患。

6. 不良的社会环境和文化冲击着青少年的不成熟心智

青少年是社会成员的重要组成部分，社会环境也是影响青少年违法犯罪行为的一个重要因素。美国社会学家塔尔科特·帕森斯指出，犯罪是社会不协调的产物，而非仅仅教育导致的结果。社会上的负面影响，会使所有正面的教育功亏一篑，这就是我们常说的"5 + 2 = 0"现象（5 天学校教育后，学生在社会上接受 2 天的影响，学校正面教育就等于零）。当今社会经济的发展、社会成员贫富差距，都会影响青少年对择业、财富和成就的价值观。

同时，社会上各种消极和不良信息冲击着青少年，对社会文化环境造成了一定程度的污染，这也是青少年违法犯罪的诱因之一。心智尚未成熟的青少年在好奇心和模仿欲的驱动下，容易对社会产生片面的认知，许多青少年正是在各种消极和不良信息的指引下走上违法犯罪道路的。

由于互联网的普及，青少年可以方便地在网上获取很多不同方面的信息，但是青少年辨别能力和自控能力不足，容易受社会不良因素侵袭，导致思想激进，从而走上犯罪道路。在青少年是网络"原住民"的年代，青少年犯罪行为场已逐步从线下相对稳定的活动空间，逐步转移到线上的开放空间。由于近两年受新冠疫情影响，青少年原有的活动空间被打破了，而网络再次成了他们活跃的场域。从立法、司法、网络监管机制、经济上来说，网络犯罪的"犯罪成本"较低，而且网络又极具隐蔽性，导致现在青少年网络犯罪的数量日益增多。再加上犯罪行为的智能性、犯罪手法的

---

① 柯力. 家庭社会资本与青少年犯罪行为关系探究［J］. 社工方法，2009（2）：36 – 37.

隐蔽性、犯罪动机的复杂性和犯罪后果的严重性，青少年网络犯罪日益成为我们必须高度重视和解决的议题。

（四）应对措施

围绕保障青少年合法权益，预防和减少青少年犯罪这一核心，以"青少年权益"为出发点，我国的预防青少年违法犯罪的社会工作，首先在矫治帮扶层面，主要以公检法司等部门购买专项社会工作服务为主；其次是共青团购买青少年事务社会工作服务来回应预防青少年违法犯罪的需求。

公检法司等部门购买专项社会工作服务，按办案流程场域分为公安机关侦查阶段、检察院起诉阶段和法院审判阶段，根据不同的购买方，分别设有不同岗位的专项社会工作者。而这里所涉及的"司法社会工作"属于狭义的司法社会工作，主要包含社区矫正、安置帮教、审前调查（社会调查）等工作。在每个阶段都存在的"合适成年人"服务，也属于司法社会工作的重点之一，"合适成年人"服务的优势是社会工作者可以从询问阶段开始立刻介入，保障青少年的权益。总的来说，由专项社会工作者跟进的优势在于他们更熟悉本阶段的司法流程，可以协助个案制定更适合的策略；但劣势在于可能局限在某一司法阶段，无法跟社会形成更多元的互动，这也可能使青少年回归社会受限。

预防青少年违法犯罪的青少年事务社会工作服务，由共青团发起，旨在维护青少年权益，预防重犯，协助违法犯罪青少年重新回归社会。青少年事务社会工作者的优势在于熟悉青少年的成长阶段，同时也熟悉运用社区资源协助青少年的流程。以广州为例，广州市"青年地带"预防青少年违法犯罪项目社会工作者善于联动社区的资源回应青少年的复学或就业需求，运用生涯规划协助青少年提升复学或就业的软技能，陪伴青少年重新回归校园或尝试第一次面试，及时把违法犯罪青少年的积极转变反馈给转介方和家庭，为青少年重新回归社会提供助力。为解决现有的青少年权益社会保障体系中资源比较分散和单一的难题，社会工作者也着力促进资源统合，组建维护青少年权益的专业队伍：律师负责具体案件的咨询和法律跟进，心理咨询师负责心理评估和严重心理个案跟进，不同专业志愿者为青少年提供不同职业角度的建议。

在预防宣传层面，多元新媒体的方式是现今最受欢迎的形式。短视频、网络游戏成为社会休闲娱乐主流之一，结合这个主流趋势，政府在预防违法犯罪宣传方面不再仅仅通过入校和纸媒的传播，而是大力发展公众号和短视频，更多寓教于乐的学习方式出现在网络平台上。

二、青少年心理成瘾分析

成瘾，是一个非常广泛的概念，从成瘾对象的性质来看，成瘾可分为物质成瘾和行为成瘾。物质成瘾，指的是因使用某种物质能获得快感，因而成瘾，常常涉及的物质有烟、酒、处方药物和毒品等。行为成瘾，指的是个体不断地实施且沉迷某种行为，常见的有网络成瘾、赌博成瘾、性成瘾、购物成瘾等。

从成瘾的作用机制来看，成瘾可分为生理成瘾和心理成瘾。生理成瘾是改变人体机能，让使用者的躯体产生依赖，典型代表莫过于毒品海洛因，这是一种生理成瘾极强的物质。而心理成瘾，又叫精神依赖，是由于外部物质长期作用于中枢神经系统产生的一种特殊的精神效应。在奖赏效应和习惯驱动下，使人对物质或行为使用失去控制，有强迫性及强烈渴求感。

在青少年领域中，如果仅仅是分析物质成瘾，显然不能概括青少年的成瘾行为，物质和行为只是成瘾的介质；针对青少年群体，我们希望不仅仅从大脑神经等生物学概念分析成瘾，因而在本章节中我们专注讨论心理成瘾。

（一）现状分析

1. 物质成瘾

对毒品、烟草、酒精等物质的依赖和滥用是危害青少年健康成长的又一重要方面。物质滥用为青少年的生理和心理带来负面影响，严重时将导致青少年身心受损、疾病、死亡等，因此在物质成瘾上，我们重点探讨毒品、烟草、酒精物质成瘾的现状。

根据2022年7月发布的《2021年中国毒品形势报告》，2021年底，全国现有吸毒人员148.6万名，同比下降17.5%；戒断三年未发现复吸的人员340.3万名，同比上升13.4%；新发现吸毒人员12.1万名，同比下降21.7%。现有吸毒人数和新发现吸毒人数连续5年下降，毒品滥用治理成效持续显现。报告指出，在现有吸毒人员中，滥用海洛因55.6万名、冰毒79.3万名、氯胺酮3.7万名、大麻1.8万名，同比分别下降19%、18.5%、9%和10.7%。

而在最高人民检察院发布的白皮书中，我们可喜地看到，未成年人毒品犯罪的占比持续下降。2017—2021年，检察机关受理审查起诉未成年人毒品犯罪从2003人下降到978人，2021年较2017年人数下降51.17%。（如图2-4所示）

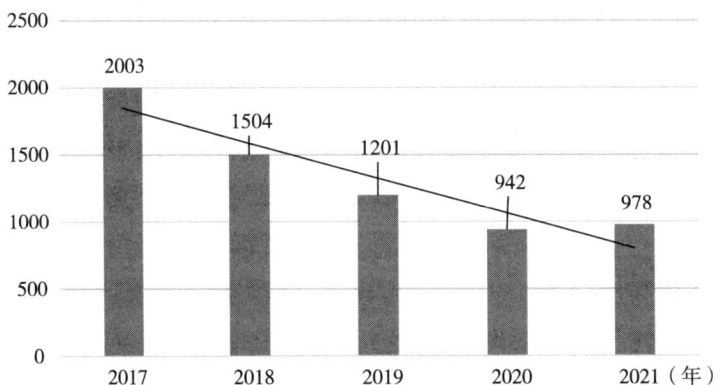

图2-4 2017—2021年受理审查起诉未成年人毒品犯罪情况（单位：人）

2017年国家食品药品监督管理总局发布的《国家药物滥用监测年度报告（2016年）》指出，目前我国合成毒品"冰毒"滥用者比例持续上升，传统毒品海洛因滥用者比例则持续下降，甲卡西酮等部分新精神活性物质滥用趋势上升。其中青少年作为主要的高危群体，药物滥用情况还是相对较为严重。在药物滥用人群中，35岁及以下年龄青少年占51.7%，其中25岁及以下人群占15.5%[①]。

---

① 陆海波.青少年药物滥用情况须重视[N].光明日报，2017-08-12（4）.

广州市团校、广州市穗港澳青少年研究所于 2016 年 11 月发布的《预防青少年吸毒研究报告》也印证了吸毒人员低龄化的趋势，其中初次吸食年龄主要集中在 16～20 岁，就读于高中/职中，占 46.1%；初次吸食年龄为 11～15 岁，就读于初中，占 12.4%。

除了药物成瘾之外，关于烟草和酒精成瘾的情况也让人十分担忧。中国慢性病前瞻性研究项目（China Kadoorie Biobank，CKB）数据显示，中国吸烟量占世界总吸烟量的 40% 以上，每年有超 100 万人死于与烟草有关的疾病，其中男性为主要群体。同时，2021 年中华医学会呼吸病学年会第二十二次全国呼吸病学学术会议的《青少年吸烟诱发因素及防控措施》主题报告显示，我国吸烟率迅速上升，吸烟人群逐渐年轻化，有相当数量的青少年不能抵抗烟草诱惑甚至吸烟成瘾，青少年吸烟者比例上升，89% 的吸烟者在 25 岁前开始吸烟。15～24 岁是改变烟草流行的关键窗口期，预防年轻人在 25 岁前形成尼古丁依赖，对于消除烟草使用、降低吸烟率非常重要。据调查，在 18 岁之前，1/3 的青少年尝试过吸烟，尝试高峰发生在 13～16 岁。由于尼古丁具有极强的致瘾性，80% 的青少年吸烟者步入成年后会继续吸烟，且难以戒断。青少年开始吸烟的年龄越小，吸烟成瘾的可能性越大，戒烟可能性越小，烟草对其身体造成的危害也越大。

同时，国外研究团队发表的《2017－19 美国青少年吸食大麻的频率：趋势、差异与同时使用物质》[1] 论文警告称，电子烟正在成为美国各年龄段青少年群体最受欢迎的大麻摄入方式。研究人员指出，大麻电子烟正在日益成为美国所有青少年群体最受欢迎的接触方式，总体月吸食频率在 6 次及以上。吸食大麻的频率在快速上升，较尼古丁摄入的可能性高出了 40 倍以上。其中高中生群体的增幅最让人感到担忧——两年时间里增长了 2 倍，从 5%～14%。在我国，2019 年大麻合成素成分的电子烟才正式列入管制，在此之前已发现，职业学校已开始普遍流行一种"上头电子烟"的产品。

---

① 新研究警告美国青少年大麻电子烟吸食人数与频次增长飞快 [EB/OL]. (2022－03－30) [2023－06－27]. https://www.163.com/dy/article/HASIFTPN0511BLFD.html.

据统计，在全球范围内，超过 1/4 的 15～19 岁青少年是饮酒者，总量约有 1.55 亿人。饮酒低龄化现象和高风险饮酒，正在吞噬许多青少年的未来。中国疾控中心营养与食品安全所对北京、上海、广州 3 个城市的一项调查同样可以佐证。这份调查显示，青少年饮酒普遍，超过一半（52.5%）的中学生曾经喝过酒，15.0% 的中学生喝醉过；饮酒的学生呈现低龄化趋势，26.5% 的学生在 10 岁以前就尝试过饮酒，他们经常饮酒的地点依次为家中、饭店和 KTV①。研究发现，16 岁以下的青少年使用和滥用酒精可能会对大脑的发育造成永久性的伤害，进而对行为和情绪管理产生影响，饮酒也会使青少年的认知成熟度受损，个体饮酒行为开始的年龄越早，产生酒精依赖的可能性就越大。数据让人触目惊心，《2019 中国预防未成年人饮酒绿皮书》指出，我国青少年初次饮酒的平均年龄是 13 岁，而且有 29.7% 的学生在 13 岁之前有过饮酒行为，只有 60.7% 的未成年人认为酒精会对身心产生不良影响。

2. 行为成瘾

在行为成瘾的分类上，可分为网络成瘾、手机成瘾、赌博成瘾、性成瘾、购物成瘾、食物成瘾、工作成瘾等。网络成瘾和手机成瘾与青少年息息相关，但由于科技发展，青少年可使用计算机、平板和手机等不同工具上网，相同点在于青少年通过网络进行娱乐、社交和搜索信息，因此我们重点分析网络成瘾的现状。

2022 年，中国互联网络信息中心（CNNIC）在京发布的第 51 次《中国互联网络发展状况统计报告》显示，2021 年未成年网民规模达 1.91 亿，互联网普及率为 96.8%，较 2018 年（93.7%）提升 3.1 个百分点。未成年人接触互联网的低龄化趋势更加明显。根据《青少年成瘾行为调研报告——基于 2017/2018 青少年健康行为网络问卷调查数据分析》，尽管我国大多数青少年每天玩（网络）游戏的时间不超过 3 小时，但依然有 18%

---

① 中国共青团. 酒精成瘾青少年越来越多，如何拯救饮酒的他们？［EB/OL］.（2020 - 01 - 09）［2023 - 03 - 30］. http://qnzz. youth. cn/qckc/202001/t20200109_12165183. htm.

的青少年玩网络游戏超过 4~5 小时[①]。根据世界卫生组织的评判标准，每周玩（网络）游戏超过 5 天，每天超过 5 小时就很可能成瘾，也就是说，我国大约有 1/5 的青少年已经有网络成瘾的现象或面临着网络成瘾的风险。在国家层面虽有意识严格限制未成年人加入网络游戏的时间，但是相关机制尚未完善，我们有理由相信，我国越来越多的青少年存在网络成瘾的风险，同时网络成瘾也是亟须关注的议题。

（二）政策环境

1. 成瘾物质的相关政策环境

在禁毒领域中，青少年及家长常常有这个迷思："吸毒等同于违法犯罪"，其实翻看《中华人民共和国禁毒法》和《中华人民共和国治安管理处罚法》，便会有明确的答案。

根据我国对毒品问题的政策，如果只是自己吸毒是不构成刑事犯罪的，应依法给予治安管理处罚；但是存在有贩毒、容留他人吸毒的行为，则要承担刑事责任。这从侧面看出国家对属于"患者"身份的吸毒人士的人文关怀，但绝不是提倡吸毒的行为。从每年的《中国毒品形势报告》来看，我国严肃处理一切与毒品相关的犯罪，全国毒品滥用规模和涉毒犯罪案件连续多年缩小和减少。

除了毒品，青少年烟草和酒精滥用同样存在祸患，应该同等对待。而对于烟草的管理，在 2019 年国家卫生健康委员会发布的《关于进一步加强青少年控烟工作的通知》指出，青少年控烟对于整体控烟工作有着重要意义，减少青少年吸烟是降低吸烟率的关键。通知强调要严厉查处违法向未成年人销售烟草制品行为，要确保商家不向未成年人售烟，未成年人买不到烟[②]。除了阻断未成年人购买烟草的途径，政策层面也有针对性地制定了结合控烟率的规划。《"健康中国 2030"规划纲要》提出，到 2030 年

[①]　周华珍，等. 青少年成瘾行为调研报告：基于 2017/2018 青少年健康行为网络问卷调查数据分析［R］. 北京：中国社会科学院大学全球健康研究中心，2018.

[②]　国家八部委打出政策解读组合拳让青少年远离烟草毒害［EB/OL］.（2019 – 11 – 09）［2023 – 03 – 10］. http://www. meiliwang. com. cn/a/mlkj/2019/1109/47577. html, 2019.

15 岁以上人群吸烟率要降低到 20%，预防青少年吸烟、降低青少年吸烟率是降低整个人群吸烟率的关键。

共青团北京市委课题组进行的调查发现，超三成青少年不良行为始于抽烟喝酒[①]。而目前我国有超过 4000 万青少年吸烟者，开始吸烟的年龄呈现低龄化趋势，每年中国有超过 100 万人死于与烟草相关的疾病[②]。同时，关于青少年饮酒行为，中国疾病预防控制中心一项覆盖 6 个城市的调查显示，51% 的被调查者曾经饮过酒，而在这些人中 10 岁以前开始饮酒的人占 28%。此外，有 11% 的中学生饮酒后曾经感觉不适、生病，或出现打架逃学等行为[③]。但是，这些问题却没有引起高度关注和警惕。对于吸烟和饮酒的法定年龄，我国并没有进行约束，只在"未保法"中提到其监护人应该预防和制止未成年人吸烟、酗酒等行为以及禁止向未成年人出售烟酒等。生理与心理都处于未发育成熟阶段的青少年，烟草和酒精对其的危害和影响更大，其中酒精导致的后果往往更为严重，不仅会影响青少年的正常发育，还容易引发暴力伤害、交通事故等后果。所以，青少年饮酒和吸烟问题需要引起各部门注意，形成合力，填补监管和法律"空白"，让青少年远离物质滥用。

2. 成瘾行为的相关政策环境

2018 年，国家卫生健康委员会公布《中国青少年健康教育核心信息及释义》，近视、超重、吸烟，以及抑郁等心理问题和网络成瘾等 9 项危害青少年健康的主要问题被纳入。借鉴美国的疏堵结合防青少年上网成瘾、法国的家庭公约限制青少年上网、日本的严控经营性网吧和网游产业、英国的丰富课余生活等防范措施以预防青少年网络成瘾，我国在 2021 年重新修订的"未保法"中新增了"网络保护"专章，对解决影响未成年人身心健康的网络沉迷、网络直播打赏、网络欺凌、网络个人信息泄露等问题发

---

① 陈凤莉. 没有天生的"坏孩子"［N］. 中国青年报，2015 - 5 - 12（4）.

② 刘昶荣. 青少年吸烟率逐年上升且呈现低龄化趋势［N］. 中国青年报，2017 - 6 - 8（8）.

③ 我国城市青少年饮酒行为专项数据出炉［EB/OL］. http://news. 163. com/15/0609/01/ARKPD36000014Q4P. html，2015.

挥了积极作用。其中，防沉迷限时的儿童模式，让家长更为放心。2021 年 11 月发布的《中国游戏产业未成年人保护进展报告》显示，85.8% 的未成年用户在玩游戏的过程中曾被防沉迷模式限制。与此同时，北京师范大学未成年网络素养研究中心课题组发布的《互联网平台未成年人保护与发展研究报告》则显示，随着国家法律法规的先后出台，游戏、直播、社交、音视频四类互联网平台在综合信息提示、技术保护、防沉迷（综合）管理、应急投诉和举报机制、隐私和个人信息保护制度、科学普及和宣传教育以及未成年人的网络素养上均有所提升。

虽然相关政策在逐步发挥积极作用，但未成年人冒用成年人账号等情况仍屡禁不止。禁止游戏租号、提升面部识别能力和网络实名制等联动措施需要继续加强。

（三）存在问题

1. 心理成瘾是影响复吸或重复行为的最大影响因素

心理成瘾，是指成瘾者开始使用物质/行为—规律性使用/操作—戒断—重复使用的循环过程。即从一开始使用物质，心理便形成一种"瘾"，它不会终止在某个阶段。在社会工作实务中，即使生理成瘾戒断了，但"心瘾"还是会影响个体，因此我们常说，"心瘾"是影响复吸或重复行为的最大影响因素。

与心理成瘾离不开的是大脑的"奖赏系统"机制、工作记忆与注意偏向。在大脑的"奖赏系统"中，因为成瘾的物质和行为能产生大量多巴胺，较高的多巴胺水平会产生愉悦感，而愉悦刺激可以激活奖赏回路，从而"告诉"大脑虚假的快乐。一般来说，奖赏系统的激活是通过显示存在的事件，而成瘾的物质或行为则是以一种特别作用机制，直接进入大脑刺激奖赏系统产生奖赏效应，即使现实生活中并不存在让人感觉愉悦的事情，那只是一种在多巴胺作用下虚假的愉悦感。其实人体也会产生内啡肽，协助人体正常机能运转，那为什么大脑会偏好多巴胺呢？是因为多巴胺不仅能直接激活奖赏系统，它所产生的奖赏效应是现实事件刺激的数倍。例如，普通的自然奖赏物（如食物、水等）能够使大脑分泌多巴胺的数量增加 20%～50%，而可卡因、苯丙胺、海洛因等毒品可以使多巴胺分泌量增加 100%～400%！但多巴胺并不能一直保持快乐的状态，人体会产生耐受性，即需要更多的多巴胺，才可以保持原有的愉悦水平。另外有动物研究表明，害怕的时候也会产生多巴胺。从大脑的奖赏系统中我们不难看出，当成瘾者在现实中缺少存在感和愉悦感时，他们会偏向于通过易获得性的物质或行为去获取，那我们便会发现青少年成瘾背后，更多反映的是内心对现实的渴求。

关于"工作记忆"，成瘾的核心特征之一便是强迫性，即"明知不可为而为之"，在奖赏系统的作用下，大脑渴望再次被刺激，所以大脑便会不受控制地发出再次寻找刺激源的指令。但长期的滥用会导致成瘾抑制功能受损，也就是当成瘾者再次出现冲动的时候，抑制自己的行为和管理自己行为的能力会受限，这就是青少年很难控制"心瘾"的原因。

再加上人体更倾向选择优先注意和自己有关的事情，在"自我注意偏向"之下，"心瘾"被唤起，从而产生冲动，然后是实施行动。在这个过程中，"自我注意偏向"很容易受到物品、环境和情绪的高危情景刺激，从而在"工作记忆"的诱发之下想到成瘾物质和行为所产生的虚假愉悦，便会开始尝试去寻找。

对很多成瘾者来说，现实问题和困难都让他们倍感痛苦，而成瘾是他们幻想中的"快乐"。由此来说，人体并不会单纯需要多巴胺，但是当个体在人际关系、生存环境、社会文化的冲击之下产生对"快乐"的渴求时，便会真正形成"心理成瘾"。

2. 预防成瘾的关键在于控制"门户物质"的易获性

青少年对初次吸毒存在很多迷思，绝大多数青少年认为"自己可以控制成瘾""我只是使用烟草和酒精而已"。但是根据之前所述，成瘾并不会终止在某一个阶段，一开始沉迷物质或行为，便形成"瘾"。而且青少年的大脑发育尚未成熟，有研究表明，其对药物的反应比成年人敏感。而且所谓的"控制成瘾"其实与易感性相关，因此，"并不容易成瘾"其实是对某种物质或行为的易感性不高。

同时根据门户理论，传统的门户药物是酒精、烟草和大麻，但也可能是任何一种增加其他药物风险的药物。还有药物使用之间存在很强的联系，合法物质的使用可能会转变为非法物质滥用的一个重要阶段。

因此预防成瘾的关键在于如何控制物品和行为的易获性，易获性直接影响滥用的次数。减少门户物质的易获性，或许也能降低物质成瘾的可能性。行为成瘾也一样，合理监管和引导青少年使用网络，便可以降低行为成瘾的概率。

3. 背后的个人需求影响青少年成瘾

在成瘾结果中，滥用物质和行为会有一些表面的"效果"。如感官改变的催化剂，毒品或网络都可以成为"最快捷"的方式去满足或处理青少年即时感官刺激的需要，如追求迷幻、瞬间脑袋清空、无压力等感觉。如情绪改变的催化剂，当青少年心烦意乱、烦躁不安的时候，他们会偏向使用有"镇静"效果的物质或行为冷静情绪，暂时忘却烦恼；当青少年情绪低落的时候，他们会偏向使用有"兴奋"效果的物质或行为使自己心情愉悦，逃避现实。如关系建立的催化剂，青少年为了追求朋友间的"认同及归属感"，向往和朋友一起的愉快时光，出现"一人吸毒，众人齐吸"的现象。如解决问题的催化剂，当遇到困难且能力不足的时候，青少年倾向于以"逃避"的方式去应对或解决问题，问题虽然不会解决，但心情有可能在环境相互作用下调整，那一刻的"逃避"其实缓解的是青少年的精神压力。

但在这些表面的"效果"背后，其实青少年追求的是他人的尊重和自我效能感。

与讨论"心理成瘾"离不开的是讨论青少年的家庭和朋辈。调查显示，每年遭受身体虐待的儿童占总数4%～10%，其中又约有10%的儿童体会到心理虐待，儿童心理虐待会对个体的情绪产生不利影响，还会不同程度地损害其成年后的认知[1]。遭受心理虐待的儿童个体会在成长后表现出一系列的行为问题，如攻击行为、手机成瘾等[2]。在前述"违法犯罪行

---

[1] 宋锐，刘爱书. 儿童心理虐待与抑郁：自动思维的中介作用 [J]. 心理科学，2013，36（4）：855－859.

[2] 刘文，车翰博，刘方，等. 儿童心理虐待与行为问题的关系：基于潜在剖面分析 [J]. 中国特殊教育，2019（5）：78－84.

为分析"中父母的"溺爱型""专制型""放任型"的教育方式，往往大概率出现儿童心理虐待行为。在青春期的促使之下，他们需要更多的独处空间和自由、他人的尊重及被"公平"对待。因此，当需求无法满足的时候，青少年会出现无力感，他们便会寻找虚假的快乐，从而找到精神的寄托。研究表明，在儿童期遭受心理虐待的个体，遭受恐吓、贬低、干涉等虐待行为的概率更高，从而阻碍个体表达自我，造成习惯性的恐惧、焦虑和自卑等不良情绪，更多的个体倾向选择诉诸网络虚拟空间[①]。而且恐怖、人际关系敏感等引起的退缩行为可能是网络成瘾的重要影响因子，入学时心理不适应与一年半以后网络成瘾的发生关系更为紧密[②]。

有研究表明，当一个让人不适的情景发生时，个体有较大可能产生羞耻的感受，而不是内疚、外化或没有感受，而羞耻感也会促使发展出物质使用问题[③]。前人在此基础上对羞耻指征作了进一步的发展，认为羞耻会发展成攻击、抑郁、疏离和成瘾四种社会行为，同时形成恐惧、愤怒、沮丧和厌恶四种相关的回避情绪。基于此理论，当羞耻感被激活时，部分个体应对羞耻的脚本中就包含了躲避，进而产生成瘾行为。

4. 成瘾后的戒断反应严重影响复吸或重复行为

与一般的违法犯罪行为不同的是，成瘾后如果减少或停止对物质或行为的滥用，便会产生戒断反应，这也是影响复吸或重复行为的关键因素。

戒断反应的症状令人不寒而栗，例如网络成瘾的戒断反应是躯体性不适应，情绪上表现为空虚无助、烦躁、抑郁、不安，难以集中注意力并伴随睡眠障碍等；吸烟者在强制戒烟之后也可能会出现诸如焦躁不安、失眠、食欲增强、吐黑灰色痰、血压升高以及心律不齐等戒断反应；阿片类戒断症状于停药后 5~6 小时出现，表现为强烈渴求阿片类药物，流涕流

①　董云英. 儿童心理虐待对中职生认知失败的影响：手机成瘾的中介作用［J］. 心理学进展，2023，13（1）：61-170.

②　弋秋容. 高职学生网络成瘾与入学时心理健康的相关研究［J］. 黑龙江科学，2022，13（3）：6-10.

③　LUOMA J B, CHWYL C, KAPLAN J. Substance Use and Shame：A Systematic and Meta-analytic Review［J］. Clin Psychol Rev, 2019, 70：1-12.

泪、肌肉疼痛或抽筋、胃肠痉挛、恶心、呕吐、腹泻、瞳孔扩大、反复寒战、心动过速、睡眠不安等；苯丙胺停用时也会出现焦虑、抑郁、精神运动性迟滞或激越、胃肠道痉挛等症状，严重者可出现自杀行为。在这些戒断反应之下，成瘾者复吸或者重复行为的风险急剧增加。

但有趣的是，根据国外的酒精及相关疾病的流行病学调查，在以下转折点，有一半人摆脱了自己的物质成瘾问题：烟草是 26 年，酒精是 14 年，大麻是 6 年，可卡因是 5 年。我们的理解是基于非法药物成瘾对生活的影响较为严重，以至于成瘾者往往会以更快的速度戒除成瘾。

5. 成瘾与自杀相关行为呈正相关

上述提到成瘾后的戒断反应十分容易引起自残自杀行为，尤其是当情绪上出现抑郁、焦虑时。这与负向情绪引起的自残自杀类似，当青少年内心产生无意义感和无价值感时，自残是其重新"唤起"自己存在现实的一种发泄方法，而自杀是个体对抗现实的"最后选择"。

同时，毒品的致幻作用引起的死亡、过量服用毒品引起的死亡、因几天几夜没睡觉而引起的猝死等，这些因成瘾而导致的死亡都让人痛心疾首，成瘾的物质和行为是死亡的牵引、生命的毒药。

（四）应对措施

为应对心理成瘾问题，我国依据物质和行为成瘾的严重性，决定社会打击和严管的力度。例如，在物质滥用上，我国法律政策对与毒品相关的违法犯罪实施严厉打击和管理，但在酒精和烟草的滥用上仅仅是年龄的限制。类似的情况出现在行为成瘾问题上，因为网络成瘾问题日益严重，所以在政策法律和网络管理上采取"严管"的态度。而在宣传预防上也因社会打击和严管力度而"倾斜化"，但相比于我国港澳台地区和国外的宣传力度而言，我国内地在对青少年宣传教育上普及度不高，线上线下宣传的系统性和连贯性也需要继续加强。

相比于我国港澳台地区和国外拥有完善的介入指南，内地社工在实务领域中仍在摸索前行，大体上可以总结为以三级预防的概念切入青少年个人跟进。

在矫正层面，通过成瘾相关量表，以综合视角下认知行为疗法作为切入跟进点。以广州市海珠区"青年地带"为例，为更好地处理心理成瘾问题，社工必须先了解青少年对成瘾物质和行为的核心认知，帮助其厘清成瘾背后的真实需求，从"例外"中打破并重构认知，推动青少年获得新认知，从而改变其行为。在综合视角理论的指引下，社工从人本主义理论去理解成瘾是一种病态，而成瘾者的身份其实是一个"患者"；在优势视角下，成瘾者也拥有自己的长处和优势，这种优势需要被发掘和被重视；同时从正向青年发展理论的视角出发，社工认定每个成瘾者都拥有改变的动机和机会，我们需要为他们的改变创造一个平台。成瘾者往往很少能依靠个人力量戒掉成瘾，很大部分药物滥用的成瘾者是依靠强制戒毒或专门戒除成瘾的医院治疗，因此强戒所和戒毒医院往往也是跟进成瘾青少年的一大助力。

在临界层面，瞄准重点青少年需求，打造立体化的亮点服务。近年来，我们陆续推动了多个在青少年服务领域中人群需求非常聚焦的亮点项目。以"毒不可友"青少年禁毒计划为例，针对吸毒青少年预防复吸的需求，社工打造了"不再迷途"矫正服务计划，通过"改变之轮"协助吸毒青少年一步一步走出毒瘾的旋涡。针对隐蔽性吸毒问题日益增多的情况，社工在职业高中生群体和不良行为朋辈中推动了"禁毒早筛计划"，协助更快更精准地筛查目标群体并提供后续服务。针对涉毒人员子女的身心成长问题，社工联动"政府—企业—基金会—志愿者"共同维护青少年权益。针对家长普及禁毒知识的需求，社工以亲子共学的概念推动了禁毒亲子工作坊。秉持助人自助的原则，社工致力于推动这类重点青少年回流到禁毒志友营中成为一名志愿者，共同服务和倡导青少年禁毒议题。

在预防层面，通过多元丰富的预防服务，增加青少年的心理资本，搭建通往内心的桥梁。社工不仅仅提供了丰富的兴趣体验活动，多元职业的互动真人图书馆更提供了青少年青睐的企业参访机会和实践机会，使重点青少年愿意参加，这是第一步；第二步是通过站点助理、志愿者服务等平台锻炼其能力，为青少年增强自我效能感，树立希望、乐观和韧性的信念，提升青少年的抗逆力；第三步是通过他人的认同和欣赏，提升他们对自我的认同，增加自信，让青少年进一步恢复和巩固与社会的联系。

三、青少年不良行为分析

青少年是社会中最活跃的群体，这一群体的不良行为是社会学、心理学、教育学等学科研究的重要内容。关于青少年不良行为，不同学者有不同的概念界定，本书中的青少年不良行为主要依据 2021 年 6 月 1 日施行的"预未法"第二十八条、三十八条中对未成年人不良行为、严重不良行为的界定。以下会对青少年常见不良行为、政策环境进行分析，并归纳出存在的问题，以及国内目前的应对策略。

（一）现状分析

当前我国正处于社会急剧转型时期，由于多种复杂多变元素的相互作用使得身处其中的青少年遭受各种冲击，这对身心尚未发育健全的青少年来说，要抵抗住各种因素的冲击，顺利完成这一社会化的历程绝非易事。加之不同价值观念的涌入，更使得不少青少年产生无所适从、无所依归的迷失感，难免会出现一些行为问题。团中央综治办等多部门联合在 2009—2010 年进行的"重点青少年群体摸底排查专项行动"结果显示，我国约有140 万存在不良行为及严重不良行为的青少年。

共青团北京市委员会课题组对北京未成年犯罪嫌疑人、普通中学及技校就读的不良行为青少年进行研究发现，青少年不良行为的类型频次主要集中在抽烟喝酒、逃学、旷课、夜不归宿，打架斗殴，辱骂他人及与社会不良人员联系四个方面[1]。丁紫瑶对近千名不良行为未成年人调研得知，不良行为中实施次数占比前三的为进入营业性歌舞厅等场所、旷课、夜不归宿，严重不良行为排前三的是纠集他人结伙滋事、扰乱治安、多次偷窃和多次拦截殴打他人或者强行索要他人财物[2]。杨宪国对广州市在校中学

---

[1] 共青团北京市委员会课题组. 北京市青少年不良行为相关问题调研报告 [J]. 中国青年研究，2015（5）：42 - 48.

[2] 丁紫瑶. 不良行为未成年人犯罪预防问题研究：以 A 市的实证经验为例 [D]. 南京：东南大学，2020.

生进行抽样调查，了解被访者在过去一年中发生的不良行为及严重不良行为，发现发生频次较高的包括无故逃学或旷课行为、吸烟、酗酒、观看色情影片或阅读该类书籍、参与群架斗殴、恐吓勒索、携带管制刀具、偷窃、故意伤害、涉毒等①。李婕对某省接受矫治的未成年人和相关司法人员进行调研发现：不良行为多为旷课、夜不归宿、打架斗殴、辱骂他人、观看收听色情淫秽音像制品读物等；严重不良行为以"结伙滋事扰乱社会治安"行为为主。此外，学生欺凌也是突出类型，受害人主要是同学②。

综合多位学者、课题组的研究可知，青少年不良行为及严重不良行为类型几乎涵盖"预未法"第二十八条、三十八条中提及的所有行为。此外，通过文献综述可以发现当代青少年不良行为存在以下共性特征：

第一，青少年不良行为暴力化。从丁紫瑶、杨宪国、李婕等人的调研中可知，青少年打架斗殴、扰乱治安、偷盗等行为占比均居前列，甚至携带管制刀具屡教不改，不良行为体现出明显的暴力化。

第二，青少年不良行为呈现低龄化。在多位学者的研究中可看到，14～18周岁是未成年人实施不良行为最集中的年龄段。此外，根据最高检于2023年3月新闻发布会中通报的资讯来看，不满16周岁的未成年人犯罪呈上升趋势③。

第三，青少年不良行为呈地域差异化。具体表现为农村与城市相当、但农村略多于城市④，城乡接合部区域是青少年不良行为发生的聚集地⑤，本地青少年违法犯罪人数和比例持续下降，但外来流动青少年犯罪比例则

---

① 杨宪国. 青少年偏差行为致因分析及社会工作介入研究［D］. 广州：广州大学，2019.

② 李婕. 未成年人违法犯罪矫治教育的完善建议：以某省为例的实证分析［J］. 犯罪与改造研究，2023（2）：56–62.

③ 最高检：未成年人犯罪呈现低龄化趋势［EB/OL］. https://www.chinanews.com/gn/2023/03–01/9962686.shtml，2023.3.

④ 丁紫瑶. 不良行为未成年人犯罪预防问题研究：以A市的实证经验为例［D］. 南京：东南大学，2020.

⑤ 共青团北京市委员会课题组. 北京市青少年不良行为相关问题调研报告［J］. 中国青年研究，2015（5）：42–48.

呈现出不容忽视的走高趋势[①]。

第四，青少年不良行为呈团伙化。从大量的研究中可以看到，青少年产生轻度或严重不良行为多为受社会交往中不良朋辈的诱导，他们之间互相交流经验，且青少年往往认为人多是成功的重要条件，如打架。

第五，青少年不良行为具有多重性及多发性。共青团北京市委员会课题组研究的青少年中超过六成的具有两种以上的不良行为；丁紫瑶对近千名青少年的研究显示，发生超过 10 种具体偏差行为的青少年占了 5% 左右。此外，同类型的不良行为会在青少年身上多次出现，且屡教不改。

第六，不良行为青少年呈低学历化。国内外学者的研究发现，不良行为与低学历之间存在某种程度的联系，提高教育水平能够引导未成年人变得更加文明，增强了道德与规则意识，从而远离不良行为与犯罪行为。2020 年广州市中级人民法院《家事·少年司法品牌白皮书》显示，未成年罪犯户籍以非穗籍为主，占 87.69%，学历普遍较低，初中及初中以下学历占 88.38%。

（二）政策环境

文献检索发现，我国目前对青少年不良行为或偏差行为的专门研究是极少的，其中，校园欺凌是为数不多可看到政策、立法较多提及的一种。

针对青少年群体层出不穷的校园欺凌现象，政策层面也积极从宏观角度推动健全干预校园欺凌的社会支持网络。政府相关职能部门印发的关于干预校园欺凌的文件，也提及社会支持体系对于预防和干预校园欺凌的重要性：2016 年 4 月，印发《国务院教育督导委员会办公室关于开展校园欺凌专项治理的通知》。2016 年 11 月，印发《教育部等九部门公开关于防治中小学生欺凌和暴力的指导意见》；2018 年 4 月，印发《国务院教育督导委员会办公室关于开展中小学生欺凌防治落实年行动的通知》。2020 年 10 月，修订《中华人民共和国未成年人保护法》，对校园欺凌进行概念定义，并于 2021 年 6 月 1 日起施行，充分体现了政府及法律层面为干预校园欺凌

---

① 邵世志，黄小力，王瑞鸿，等. 不良行为或严重不良行为青少年群体服务管理和预防犯罪工作模式研究：以上海市闵行区为例 [J]. 中国青年研究，2013 (6)：52 – 56.

提供的有力保障和支持①。在国家立法层面，我国已在新修订的"未保法"中明确定义校园欺凌的概念，并出台一系列措施对校园欺凌现象进行干预。例如，学校必须根据校园欺凌情况建立相应的工作制度，情节严重的需要报告公安机关和教育行政部门，以便及时干预制止。2022年1月1日，《中华人民共和国家庭教育促进法》正式施行，在一定程度上敦促家长加强对子女的合法教育和保护。为持续深入做好中小学生欺凌防治工作，加大专项治理力度，巩固治理成果，健全防治长效机制，2021年1月20日教育部办公厅印发《防范中小学生欺凌专项治理行动工作方案》。由于近年来在网络上被曝出的校园欺凌事件越来越多，性质也较为恶劣，多个省市也深化了对校园欺凌的防治干预工作。2017年，广州市番禺区召开校园欺凌专项治理工作会议。2018年，广东省教育厅等十三部门印发《加强中小学生欺凌综合治理方案的实施办法（试行）》，要求学生欺凌综合治理工作遵循坚持教育为先、坚持预防为主、坚持保护为目的、坚持法治为基础四大原则。

除了以上提到的"未保法"、家庭教育促进法涉及对青少年的权益保障及对不良行为教育干预外，"预未法"是最具针对性的立法，法规内容清晰界定不同主体的工作职责、联动机制、原则等，该法对不良行为、严重不良行为进行分级预防、干预和矫治，提出很多具体可操作的指引。同时，该法在第三十一条中明确提出学校在管理教育不良行为青少年时可"要求接受社会工作者或者其他专业人员的心理辅导和行为干预"。除此之外，李克强总理作的《2023年政府工作报告》中，"社会工作"一词第7次写入政府工作报告②；在2023年3月最高人民检察院举行的"迎两会·新时代检察这五年"系列第六场新闻发布会上，共青团中央介绍了全国各级团组织参与未成年人司法保护方面的工作进展和安排部署，23.35万名

---

① 何梅清．社会支持视角下初中生校园欺凌的干预研究：以广州市H中学为例［D］．广州：广州大学，2022．

② "社会工作"第七次写入《政府工作报告》［EB/OL］．https://www.163.com/dy/article/HV5SRH3U0514D4BV.html，2023.3.

青少年事务社工全面参与未成年人保护工作①。可以看出，社会工作介入青少年不良行为/严重不良行为已得到政策认可。

（三）存在问题

1. 行为失范

通过文献回顾梳理，发现青少年不良行为发生频次以旷课/逃学、夜不归宿、吸烟喝酒等居多，严重不良行为以打架斗殴、偷窃等为主，由此可以看出青少年行为失范问题是较为严峻的。基于此，帮助青少年了解并习得规范、正确的行为准则是非常必要的。习近平总书记指出："家长要尊重学校教育安排，尊敬老师创造发挥，配合学校搞好孩子的学习教育，同时要培育良好家风，给孩子以示范引导。"② 作为青少年社会化重要的场所——家庭、学校，要重视为青少年树立良好的行为榜样，合理引导培养他们养成良好的行为习惯。

青少年处于身心发展的关键期，愿意接受并乐于尝试新鲜刺激的事物，同时受心理成熟与社会认知及人生经验的限制，辨别是非的能力低，加之青少年时期特有的叛逆特征，极易受各种不良事物的影响，产生各种有悖社会规范的不良意识与行为，有的甚至触犯法律。基于此，联动家庭、学校、社会共建健康、文明、安全的成长环境是十分必要的。家庭层面，应努力营造良好的教育氛围，使青少年从小受到良好的教育熏陶，养成良好的行为习惯；学校层面，德育工作要从学生和社会的实际出发，渠道要多样化，分层次进行常规和行为规范方面的教育，使青少年养成良好的生活习惯、学习习惯，培养良好的品德。

2. 社会交往不良

社会交往是个体成长发展所必需的，它可以满足个体生存、归属感、

①　公益时报. 23.35 万名青少年事务社工全面参与未成年人保护工作［EB/OL］.（2023 – 03 – 23）［2023 – 03 – 30］. http://www.gongyishibao.com/html/shenghuigongzuo/2023/03/23245.html.

②　全国高校思想政治工作网. 习近平在北京市八一学校考察时的讲话［EB/OL］.（2016 – 09 – 30）［2023 – 03 – 30］. https://www.sizhengwang.cn/a/zyfwpt_yxsxzhyrxxzyk_xjpzsjgydzyls/220926/113407.shtml.

自我价值寻求等多方面的需求，对于高需求的青少年而言，他们更迫切地要通过社会交往来满足自己生活、身心发展的需要。而通过以往研究发现，青少年不良行为的出现与他们不良社交的关系密切。从社会学习的角度来看，青少年的行为可通过家人、朋友/同学、网友等习得，青少年自控力低、是非辨别意识薄弱，很容易受不良风气影响，从而模仿实施不良行为。

通过对朋辈群体对青少年不良行为影响相关研究发现，早、中期青少年会受朋友影响而产生不良行为，中、晚期青少年会基于不良行为相似性选择朋友。可以看出，尽早引导青少年掌握正确的交友观念、辨识良友的技巧有助于预防他们在初期结交到不良朋辈，更会降低他们后期以相似性选择不良朋辈的概率。

3. 价值观偏差

受复杂多变的社会环境影响，当代青少年存在对主流价值观念的认同不足、价值观念存在偏差等问题。有关学者对未成年人犯罪的研究指出，他们对"不管用什么手段，只要能成功就行""为了挣钱，做什么都可以"等观点非常认同，这表明违法犯罪的未成年人缺乏行为底线和规则意识，他们拥有扭曲的金钱观，且有严重的自私自利观念，人生观扭曲[①]。而与不良行为青少年接触也可以发现，他们做出校园欺凌、偷窃等行为大多基于认知偏差，他们可能仅因看不惯对方而产生狠狠教训对方的行为，也可能认为校园欺凌是同学之间的小打小闹，甚至有青少年即便知道偷窃是违法的，但仗着自己未成年的身份依然肆意妄为。

针对青少年价值观偏差的问题，需要社会及社区、学校等大力宣扬社会主义核心价值观，在承认社会价值观多元性的同时，又要突出并坚定主流价值观的核心地位，努力优化社会环境，多一点正面舆论导向教育，引导他们形成正确的价值观、荣辱观。

（四）应对措施

面对青少年不良行为的问题现状，不少专家学者也都提出多元的应对

---

① 郭开元. 中国未成年犯的群体特征分析 [J]. 中国青年社会科学，2015（1）：34 – 37.

策略。第一，建立重点干预机制。针对青少年出现不良行为的原因来识别易发生不良行为的青少年，对这些重点群体进行干预，通过发挥学校、社会、政府等资源力量建立规范家校联动机制、网络犯罪预防机制、司法预防机制等。第二，发挥专门教育的作用，强化对严重不良行为青少年的心理干预和矫治。专门学校如工读学校对青少年严重不良行为的矫治效果是毋庸置疑的，它面向不良/严重不良行为青少年的特殊教育依然具有不可替代的作用。工读学校需结合社会转型找准自身定位，教学内容和方法必须坚持行为矫治和文化学习并重，强化对不良/严重不良行为青少年的帮教。第三，社会工作介入青少年不良行为/严重不良行为的干预及矫治。青少年偏差行为的发生是青少年自身、家庭、学校及社会等多方面因素共同造成的，青少年偏差行为的发生不单单是社会、学校或家庭某一方责任，青少年偏差行为的防治工作是一个系统性工程，需要从青少年自身、家庭、学校、社区等各层面共同着手解决。社会工作为防治青少年偏差行为提供了一种可能，社会工作能够发挥其专业优势，从多层面介入，同时能够与各主体建立有效联结，来共同编织青少年偏差行为立体防护网。随着社会工作的发展，社会工作服务的专业性不断提高，加上政府和社会对社会工作和青少年健康发展的关注，社会工作在青少年偏差行为防治工作中扮演着重要角色。

解决或改善青少年不良/严重不良行为问题需要全社会多方力量共同发挥作用，除教育、公安、司法等部门外，社会组织的力量也是不可或缺的，各方主体都在探讨有效的应对措施。目前国内相对成熟的介入措施包括"教育＋司法"专门教育和"社会工作＋"多元化介入模式。

1. 专门教育介入青少年严重不良行为矫正

"预未法"提到对有严重不良行为的未成年人，其父母或者其他监护人、所在学校无力管教或者管教无效的，可以向教育行政部门提出申请，经专门教育指导委员会评估同意后，由教育行政部门决定送入专门学校接受专门教育，这类专门学校即工读学校。工读学校具有"义务教育"和"少年司法"双重属性。新中国成立初期，出于应对青少年犯罪高发的治安需求，从北京创办第一所工读学校（海淀工读学校）开始，工读学校逐渐在全国各地设立。在教育矫治不良行为未成年人、预防未成年人犯罪方面，工读教育曾发挥了重要的作用。虽然随着社会发展和变化，未成年人犯罪率下降，全国各地均出现工读学校学生和学校数量急速萎缩的现象，但2020年新修订的"预未法"明确规定，专门学校建设和专门教育具体办法后续将由国务院进一步规定，该法律的出台有很强的时代背景，更和近年来低龄未成年人犯罪案件引起社会高关注度有着密切关系。由于收容教养制度的缺位，在如何应对未达刑责年龄未成年人犯罪的矫治问题上，专门教育被寄予厚望。相信接下来在政府及相关部门的指导下，工读学校可以更好地发挥专门教育的作用，有效矫治青少年不良行为。

2. 社会工作介入青少年不良行为预防及严重不良行为矫正

目前，我国社会工作介入青少年帮扶工作主要是以政府购买社会工作服务方式为主，如民政及共青团等政府、群团组织购买社会工作服务项目，以社会工作的方法助力逆境青少年成长。社会工作者及其所在的社会组织在政府及社会政策的指导下，组织开展各类服务项目，运用社会工作专业手法（如个案、小组、社区等）以满足青少年不同层面的成长所需，为青少年提供适切的帮教服务，促进其正向发展。政府购买社会工作服务主要包括两种形式：第一种是政府购买并拥有社工的管理权，由政府牵头成立办公室，如社区青少年事务办，部门合作或联动机制的建立以公权力机关的分工参与为主，更加重视工作制度化。第二种则是政府购买社会工作机构的服务，管理权主要在机构，购买方以监管方的角色督促服务开展。而在这种社会工作介入过程中，可联动的部门或力量除了政府外，还包括多元的社会力量，如企业、基金会、社会组织等，可更大范围地开展预防工作，也可以更好地保障矫正服务的质量。

从犯罪学理论上来讲，"再犯、临界和超前预防"是犯罪预防的三个重要阶段，目前大部分的社会工作服务也依据这三阶段进行服务设计，如针对严重不良行为青少年，主要以个案管理模式践行矫正介入，预防该群体再犯；针对不良行为青少年，项目以多元工作手法进行临界介入，通过有效弥补教育断层，及时扭转青少年行为；在超前预防层面，主要面向所有的青少年进行知识普及和基础技能的输出。同时，社会工作服务依据专业助人理论，运用专业的干预手法，通过法制教育、心理健康支援、学业/职业规划、困境帮扶等多元化的服务内容，结合不同的工作技巧对青少年不良及严重不良行为进行介入，促进青少年问题、行为的改变，减少不良及严重不良行为的发生。

四、青少年负面情绪分析

情绪是对人类各种主观意识经验的通称，指人类对客观事物的态度感受及其所对应的行为反映。在社会心理学中，将不安、焦虑、生气、抑郁、痛苦等情绪统称为负面情绪。负面情绪的情感体验往往是不正面的，容易让人意志消沉[①]。

人们正常的生活、学习、工作的体验都受情绪影响，负面情绪的不断挑战已经成为常态。因此，引导青少年正确疏导负面情绪、促进青少年心理健康成为不可忽视的重要工作。

（一）现状分析

近年来，青少年自残自杀等危机事件频发，引起了社会公众的关注。"引导青年自尊自信、理性平和、积极向上，培养良好心理素质和意志品质"，是《中长期青年发展规划（2016—2025 年）》对青年心理健康的发展期待。

青少年的负面情绪常见于考试焦虑、朋辈关系紧张、亲子矛盾冲突等，其中个别青少年缺乏应对方式，且社会适应、自我情绪调节能力薄弱，容易产生应激反应，出现自残、自杀等极端的负面行为。

1. 抑郁发展趋向年轻化，负面情绪的青少年成为抑郁高风险人群

近年来，青少年的心理健康水平逐渐下降，心理问题越发凸显。《中国国民心理健康发展报告（2021—2022）》的数据显示，17 岁以下的少年组有 14.8% 存在不同程度的抑郁风险。其中，4.0% 的少年抑郁得分较高，

---

① 杨谨馨. 小组工作介入中学生负面情绪改善的实务研究 [D]. 杭州：浙江理工大学，2022.

属于重度抑郁风险群体；10.8%的为轻度抑郁风险群体①。在成年人群中，18～24岁年龄组的青年抑郁风险检出率高达24.1%，25～34岁年龄组的抑郁风险检出率为12.3%，显著高于35岁及以上各年龄组。青少年自尊心强，渴望得到他人的认可，同时面临着生理上的剧变等巨大挑战，因此容易引发负面情绪，甚至出现情绪危机。

2. 社会支持薄弱，青少年负面情绪行为增多

青少年自我调节能力不足，在面对负面性事件或压力时，如果缺乏社会力量支持，容易采用负面情绪行为应对。在众多实务案例中可以看到，除小部分存在家族遗传病原基因的情况外，家庭关系、朋辈支持和社会环境是影响青少年负面情绪产生的重要因素。缺乏家庭支持的青少年在面对挫折时会产生更明显的负面情绪。而缺乏朋辈支持，容易让青少年在日常生活中感到格格不入，从而开始自我封闭，倾诉欲减退，产生孤独感。社会环境中的竞争意识容易引导青少年形成"内卷"的思维，进一步增强青少年的焦虑感，从而产生负面情绪。可见，青少年的负面情绪问题需要引起大众更多的重视与关注，从多方面给予正向支持。

3. 网络信息影响加大，影响青少年负面情绪行为

改革开放以来，受社会大环境变迁引起的贫富差距扩大、失业率离婚率上升等情况影响，青少年负面情绪更为突出。首先，社会转型让青少年的物质生活得到极大丰富，但也导致青少年不容易满足于现状，以致生活满足感降低，产生负面情绪。其次，青少年对社交媒体的依赖让他们越来越回避现实的社交生活，弱化了青少年与家庭、同伴的联结。青少年通过网络获得了大量信息，容易与社会中有成就的人进行比较，从而降低了青少年的幸福感与个人效能感。最后，是环境的不确定性，新冠疫情的暴发让青少年产生对生活的无力感，认为无法把握自己的未来。正如俞国良所说：对青少年而言，向上流动的需求和环境的不确定性共同造成了当代青少年的"阶层焦虑"，而所谓"从小赢在起跑线上"之类的心灵鸡汤，更

---

① 中国科学院心理研究所. 中国国民心理健康发展报告（2021—2022）［R］. 北京：中国科学院心理研究所，2022.

是让青少年心理健康"雪上加霜"①，从而不断爆发出负面情绪。

4. 被负面情绪困扰的青少年求助意愿不足

繁重的学习或工作容易导致青少年缺乏边界感，产生压力引发生理和心理上的症状。《中国国民心理健康发展报告（2021—2022）》指出，46%患有抑郁症的青少年没有寻求任何帮助，其中近30%从未想过寻求专业心理医生的帮助②。

青少年对负面情绪的认知觉察度和求助积极性较低，是造成青少年负面情绪问题持续扩大的重要原因。社会缺乏对心理疾病的认知，很多人把心理疾病和精神疾病画等号，导致青少年病耻感高，就医意愿低，负面情绪难以排解。

时至今日，加强青少年心理健康教育已经成为共识，青少年负面情绪管理能力增强刻不容缓。在国家的重视下，社会力量逐步被动员整合，但仍存在心理健康知识匮乏、转介机制不通畅、各方合力不够等问题。这需要我们持续推进相关工作，促进青少年正向发展。

（二）政策环境

近年来，青少年负面情绪问题引发极端事件频繁走入我们的视线。自2016年起，我国陆续颁布青少年心理健康相关政策，从家庭、学校、社会多方面健全落实对青少年的心理健康工作，帮助青少年正确面对负面情绪。

《中长期青年发展规划（2016—2025年）》要求重点抓好学校心理健康教育，在高校、中学和职业学校普遍设置心理健康辅导咨询室，有条件的学校配备专职心理健康教育师资队伍。要注重对青年心理健康问题成因的研究分析，及时识别青年心理问题高危人群，采取有效措施解决或缓解青年在学业、职业、生活等方面的压力。

《健康中国行动（2019—2030年）》提出，要为学生提供健康宣传、

---

① 俞国良. 我国青少年心理健康状况分析［J/OL］.（2020 - 03 - 23）［2023 - 03 - 30］. https://www. cssn. cn/skgz/bwyc/202208/t20220803_5456836. shtml.

② 中国科学院心理研究所. 中国国民心理健康发展报告（2021—2022）［R］. 北京：中国科学院心理研究所，2022.

心理评估、教育培训、咨询辅导等服务，传授情绪管理、压力管理等心理调适方法和抑郁、焦虑等常见心理行为问题的识别方法。政策要求优化心理健康教育条件，从预防工作抓起，提高学校学生心理健康工作的普及度，进一步提高青少年心理素质，为青少年的心理健康保驾护航。

《"健康中国2030"规划纲要》要求加大全民心理健康科普宣传力度，提升心理健康素养；加强对抑郁症、焦虑症等常见精神障碍和心理行为问题的干预，加大对重点人群心理问题早期发现和及时干预力度；加强严重精神障碍患者报告登记和救治救助管理。全面推进精神障碍社区康复服务；提高突发事件心理危机的干预能力和水平。政策的颁布带动了多方社会力量，鼓励组建青少年心理健康教育的专业队伍，为青少年的情绪困扰提供支持。

2021年，教育部办公厅发布了《关于加强学生心理健康管理工作的通知》，把心理健康工作划分为源头管理、过程管理、结果管理和保障管理4个部分。源头上从课堂教育抓起，为在校学生提供负面情绪应对方法教育，有效预防；过程中开展常规化筛查预警工作，提高及早发现能力与咨询辅导水平；结果上加强多方协作，提高学校对心理危机的干预处置能力；保障上落实组建骨干队伍、心理健康专项场地及经费支持，加大综合支撑力度。通过四方面的保障，进一步为学校心理健康工作建设加强了专业支撑和科学管理，从预防到干预对青少年的负面情绪给予了解决方案。《健康中国行动——儿童青少年心理健康行动方案（2019—2022年)》进一步落实了具体行动方案，通过鼓励社会加强宣传、培训专兼职社会工作者和心理工作者等形式引入社会力量，从而为学校、家庭提供专业的力量补充。

在2023年全国"两会"上，共青团中央提交了一份《关于加强疫情后青少年心理健康社会化支持体系建设的提案》，建议充分整合社会资源和专业力量，辅以常态化的健康筛查及宣传科普，构建高度协同、高效运转的青少年心理健康社会支持体系。

总体而言，政策对青少年心理健康工作的推进逐年深入，不断加强多方责任人对青少年负面情绪的处理能力，有效保障了青少年的正向成长。

（三）存在问题

1. 青少年难以有效识别负面情绪，导致心理状况不佳

情绪的产生自有其原因，很多人认为负面情绪是普遍存在且可以随时间"治愈"的，因此忽略了负面情绪对青少年心理健康的破坏力。社会、家庭、学校等支持网络对负面情绪的重视程度不足，缺乏情绪管理知识传播，降低了青少年对自我负面情绪的识别能力。

当青少年缺乏情绪识别的能力，其对自身与他人的情绪感知和理解均会出现障碍，从而出现社交障碍、孤独、抑郁等负面状态。值得注意的是，这些情况容易被归因为青少年叛逆、矫情、内心不够强大等，这往往加重了青少年的负面情绪，进一步造成了负面情绪的持续隐蔽与作用影响。

2. 青少年难以正向面对重大挫折，导致产生负面情绪

之前的生育政策导致独生子女的比例急剧上升，家庭里"多老护一小"的养育方式让当代青少年逐渐形成了绝对优势地位的心理。大多数爱子心切的家长认为通过努力甚至不惜一切代价的牺牲可以为孩子扫除障碍，避免挫折，让孩子顺利地成长和成功。[①] 而这样的行为，反而会让青少年变得脆弱，难以经受挫折与打击。

学者杨洁玲表示，由于当代青少年的独立能力差、自我评价过高、动手能力差、心理素质差，在遇到困难和挫折时，往往会出现自暴自弃、精神颓废、精神焦虑、偏执等不良情绪，甚至做出自残、自杀、伤害他人等极端行为[②]。青少年在遇到重大挫折时，不能积极应对，使自己处于焦虑、紧张的状态，从而增加负面情绪行为，影响了心理的健康发展。

3. 青少年缺乏支持渠道，难以排解负面情绪

学者李强表示，社会转型期间，原有的社会支持系统迅速瓦解和失去

[①] 沈艳，吴雯雯，汪丹丹. 青少年抗挫能力研究 [J]. 考试周刊，2013（56）：162 – 163.

[②] 杨洁玲. 浅谈提高初中学生抗挫折能力的必要性 [A]//廊坊市应用经济学会. 对接京津：新的时代基础教育论文集 [C]. 廊坊：廊坊市应用经济学会，2022：1618 – 1621.

作用，其具体表现在："单位制"解体，工作单位支持消失；职业、学业的竞争导致人际关系的淡漠和疏远，削弱了朋辈的支持；"丁克"家庭、"空巢"家庭、单亲家庭等涌现，造成代沟加深、夫妻感情淡漠，家庭支持力量明显下降；国家心理卫生事业发展水平不足，未能给人们提供有效的心理支持与救助。[①] 青少年的支持渠道消退，进一步加剧了负面情绪的影响，导致青少年的自我否定等想法不断放大。

一个人的成长与发展，离不开他人及社会的支持与帮助。家庭、朋辈、学校、职场，是青少年的主要社会关系网，向他人倾诉、寻求理解与建议是青少年应对挫折的重要力量。

4. 青少年负面情绪服务的专业人才不足

全国政协委员李孝轩指出，目前青少年心理健康专业化服务供给还存在不足，对精神卫生资源投入相对较少，精神科专业医师人才流失严重。从学校来看，部分学校心理健康教育还相对滞后，存在心理教师数量少、兼职多、咨询设施缺失等问题。[②]

《2022 年国民抑郁症蓝皮书》数据显示，我国每百万人口仅有 20 人能提供心理健康服务。[③] 这说明我国能为青少年提供负面情绪服务的专业人才严重不足。同时，我国人力资源和社会保障部于 2017 年将心理咨询师证书从国家职业资格目录中移除，在全国范围内取消了职业资格考试，这导致心理咨询行业缺乏科学的准入标准，从业人员水平参差不齐，加大了青少年寻求专业心理咨询服务的难度。

（四）应对措施

2023 年全国"两会"的相关提案建议，政府应做好顶层设计，建立多部门、多主体的青少年心理健康协调联动机制，统筹学校、家庭、医院、

---

① 李强. 社会转型期我国心理健康问题的成因与干预 [J]. 理论与现代化，2003（6）：31-35.

② 李孝轩. 关爱青少年心理健康　加强专业化服务供给 [EB/OL]. (2023-03-08) [2023-03-30]. https://www.eol.cn/news/lh/202303/t20230308_2315739.shtml.

③ 抑郁研究所. 2022 年国民抑郁症蓝皮书 [R/OL]. (2022-09-06) [2023-03-30]. https://zhuanlan.zhihu.com/p/569610296.

社区和社会各方面力量，建立和完善部门联动、医教结合、多方参与、社会协同的青少年心理健康社会化服务体系。

目前，国内面对青少年负面情绪，主要有以下几个具体措施：

1. 构建心理服务网络，识别青少年的负面情绪

《中华人民共和国家庭教育促进法》提出："各级人民政府指导家庭教育工作"，"教育行政部门、妇女联合会统筹协调社会资源，协同推进覆盖城乡的家庭教育指导服务体系建设。"动员政府各部门贡献力量，通过家庭建设，加强对青少年的心理服务网络构建，有效识别青少年的负面情绪。

社会工作提供青少年心理健康服务，多数情况下采取三级预防模式，在超前预防层面，营造全社会关爱青少年的氛围，开展各类型心理健康主题服务，向青少年传授负面情绪应对方法，引导青少年加强自我调整、自我觉察的意识，鼓励青少年主动求助。在临界预防层面，与学校配合开展心理筛查，根据青少年情况进行分层分类，制订对应的跟进计划。在矫正治疗层面，建立危机事件干预工作团队，给予专业的支援和服务指引，联动专业医生、心理咨询师等力量为青少年提供治疗性服务。

学校作为青少年成长的重要阵地，其心理健康工作的开展也是非常关键的。2021年教育部办公厅印发的《关于加强学生心理健康管理工作的通知》，要求学校加强源头管理，落实心理健康课程建设，针对青少年的共性问题与需求，提早对青少年的压力给予分类疏导，加强家—校—社合力，开展专题宣传教育。要求学校加强过程管理，每年开展至少一次心理健康排查，及时掌握青少年的心理状况，建立心理健康档案。针对排查中出现预警的青少年，实施三级预警，分层分类开展工作，对预警青少年建立"一生一册"的心理成长档案，及时联系家长商定干预计划，搭建家—校沟通平台。要求学校加强结果管理，必要时予以专业机构或医院转介，设立应急工作预案，妥善处理突发事件善后工作。要求学校加强保障管理，加强骨干队伍培育，落实场地和经费保障，重点关注心理健康服务安排。

2. 多元社会力量参与，培养青少年积极正向的健康心态

目前，国内不少地方通过医教结合的手段，在学校、机关单位等指导

社工、心理医生、心理咨询志愿者为青少年提供服务，运用个案辅导、团体辅导等不同手法，增强解决青少年心理危机的专业力量，为青少年的转介与治疗建立绿色通道。

医院也进一步开发线上服务窗口，增加青少年情绪疏导渠道。广东省广州市中山三院于疫情期间开发了微信小程序"云上三院·粤心琴"，引导使用者在微信小程序"云上三院"使用权威的精神心理自测量表进行情绪自测，再根据结果选择有针对性的音乐进行情绪调节。"粤心琴"分别设置了解焦虑、散抑郁、催眠音乐、情感共鸣等不同类型的音乐，并特别提供了100首广东乐曲供使用者选择收听，让青少年可以足不出户获得情绪疏导服务，从而降低青少年就医就诊的负担。

面对网络环境对青少年的影响，我国也一直在积极净化网络环境，通过思想引领加强精神文明建设。2021年，中共中央办公厅、国务院办公厅印发《关于加强网络文明建设的意见》，大力推进网络净化，实施"净网""护苗"等一系列行动，从源头上减少不良网络文化对青少年造成的负面影响，在网络上弘扬社会主义核心价值观，引导青少年正面积极参与网络建设，倡导健康向上的网络风气。

3. 构建社会化服务平台，有效破解青少年负面情绪

共青团中央权益部设立了"12355"青少年服务台，旨在为青少年提供心理咨询服务和法律咨询援助。该服务台由各级共青团组织建设和维护，有效引导青少年依法反映诉求，及时掌握青少年思想动态和现实需求。"12355"青少年服务台服务形式多样，包括讲座、团体辅导、个体咨询等，在线上线下为多个学校、企业、社区提供服务。

国家逐步落实社会工作者在乡镇覆盖，强化对青少年的社会支持。社会工作者一直秉持"以服务对象为中心"的初衷，对积极干预青少年负面情绪发挥了重要的作用。面向群体，社会工作者能够有效为青少年提供预防性知识，引导青少年了解负面情绪的有效应对方法，为其提供求助的渠道。面向个体，社会工作者能够运用专业知识为青少年提供评估和干预服务，引导青少年合理运用自决权利，实现助人自助，让青少年学会以自己的力量应对负面情绪。

4. 建设心理服务人才体系，优化青少年负面情绪服务的力量结构

2018 年，我国就开始搭建基于社区的社会心理服务网络试点，通过试点探索社会心理服务模式和工作机制，为全国社会心理服务体系建设积累经验。由卫生健康委、中央政法委、中宣部等 10 部门联合印发的《全国社会心理服务体系建设试点工作方案》提出，组织心理服务工作者、社会工作者、网格管理员、人民调解员、志愿者等，开展各类矛盾问题摸排，及时予以疏导化解，提供心理辅导、负面情绪疏解、家庭关系调适等服务。方案中整合了社会力量，着力于挖掘社会可支持力量，建立社会心理服务人才体系，以此优化青少年负面情绪服务的力量结构。让青少年心理健康服务机制逐步健全，在发现、预警、治疗、跟踪、康复等环节引入不同部门的力量，搭建学校、企业、精神卫生医疗机构、心理咨询机构之间的有效链接。

第二篇

青少年偏差行为与三级预防机制

　　偏差行为是犯罪行为的重要衡量标准。一直以来，我们对待青少年偏差和犯罪行为，都秉持着以预防、教育为主，惩戒为辅的态度。

　　本篇主要介绍我国预防青少年违法犯罪工作的情况、三级预防机制的由来及概念、三级预防的应用以及三级预防机制的作用与发展 4 个内容，让读者了解三级预防机制在青少年偏差行为工作中的应用情况。

第三章 预防犯罪及三级预防机制的由来

维护青少年权益，构建完善的预防青少年违法犯罪（下称"预青"）体系，关系到亿万家庭的幸福、社会的和谐稳定、国家的长治久安，党和政府一直高度重视。2011 年 9 月，中央社会治安综合治理委员会更名为中央社会管理综合治理委员会，成立预防青少年违法犯罪专项组（下称"预青"专项组）。"预青"专项组包括中央综治办、教育部、中宣部、最高法、最高检、公安部、司法部等 22 个成员单位，团中央为组长单位。广东作为全国最先开展预防青少年违法犯罪工作的地区之一，经过长期不懈的努力，青少年违法犯罪主要数据指标持续优化，特别是广州作为社会服务的前沿阵地，积极组建青少年事务社工队伍，专业化、社会化推进预防青少年违法犯罪工作（下称"预青"工作），取得显著成效。

一、"预青"工作在全国有序部署

自 2009 年起，"预青"专项组在全国范围内开展"预青"工作：确定闲散青少年、有不良行为或严重不良行为青少年、流浪乞讨未成年人、服刑人员未成年子女和农村留守儿童五类重点青少年群体；确定 23 个全国试点城市和 257 个省级试点城市，针对不同方向开展为期两年的试点；规划用 3 年时间分轮次，在全国所有县级地区推开重点群体服务管理和预防犯罪工作。2016 年，中共中央办公厅、国务院办公厅印发《关于进一步深化预防青少年违法犯罪工作的意见》，规范第三轮重点青少年群体推开工作、专门学校建设和专门教育工作，建设青少年事务专业社工队伍，强化青少年毒品预防教育，建设青少年综合维权平台。2016 年，各地在县级地区普遍建立了"预青"工作机构，明确了职能部门任务分工和工作协调机制。

二、"预青"工作在广东规范落实

为响应中央对"预青"工作的推进举措，广东省各相关部门及领导小组经过系列的讨论研究，整体规划广东"预青"工作的部署，出台了一系列相关的法规政策和实施意见。首先，广东省第十届、第十一届人民代表大会常务委员会相继发布《广东省预防未成年人犯罪条例》《广东省未成年人保护条例》等政策法规，为解决未成年人犯罪非监禁刑适用率偏低及判后监管难问题提供依据。其次，重点建设青少年事务社工队伍，2015年共青团广东省委发布了《关于落实青少年事务社会工作专业人才队伍建设目标任务的通知》，各地区逐年落实；同步在粤东西北地区开展"伙伴同行"社区矫正帮扶计划，引进珠三角地区社工督导资源，推动粤东西北地区"预青"社工队伍的发展。再次，2012年，广东省综治委预防青少年违法犯罪专项组第一次全体会议在广州召开，动员全省预防青少年犯罪工作，审议通过《专项组工作制度》、《专项组成员单位任务分工》、《专项组工作要点》和《关于加强重点青少年群体服务管理和预防犯罪工作的意见》。最后，在团省委、省法院、省公安厅、省检察院、省司法厅和省维稳及综治委预防青少年违法犯罪工作领导小组办公室的共同推动下，成立省青少年犯罪研究会，建立"全国预防青少年犯罪研究基地"等一批具有代表性的预防青少年犯罪阵地[①]。

三、"预青"工作在广州全面推进

为贯彻中央精神，加强广州市预防青少年犯罪工作，提升广州市青少年社会服务专业水平，探索建立五类重点青少年群体服务管理的广州模式，2015年7月，广州市综治委预防青少年违法犯罪专项组（团市委）、市民政局、市司法局、市财政局以前期海珠区"青年地带"试点项目工作经验为基础，联合编制印发了《关于在全市大力建设预防青少年违法犯罪

---

① 广州市社会工作协会. 广州市社会工作发展报告 [M]. 北京：中国社会出版社，2021：215 – 228.

工作服务站的方案》。在全市推广建设"青年地带"社区服务站25个，新增青少年事务专业社工至130人，以个案、小组和社区工作手法开展重点青少年群体的超前预防、临界预防和矫正预防服务工作，逐步建立重点青少年群体的循证矫正和社会融入机制，实现对青少年特别是重点青少年群体教育、管理、服务、维权和预防工作的全覆盖。该方案依据广州的实际情况，将五类重点青少年进一步细化为十类群体，在开展重点青少年服务时，各服务站点采取"3+2"模式，即3、7、8类人群为必选人群，各站点另外自选2类作为特色服务群体。

根据该方案的指引，"青年地带"预防青少年违法犯罪服务项目确定如下十类服务群体：

（1）6～25岁户籍青少年和来穗人员未成年子女。

（2）有不良行为的普通在校学生。具体指有《中华人民共和国预防未成年人犯罪法》第十四条所列的不良行为的中学、中职学校学生。

（3）受到公安机关处理的有严重不良行为的未成年人。具体指有《中华人民共和国预防未成年人犯罪法》第三十四条中所列行为并受到公安机关处理的未成年人。其中重点为18岁以下因吸食、注射毒品而受到公安机关处理的未成年人。

（4）社区"两需"青少年。年龄在6～25岁无合理原因不在学、无职业、需要就业帮扶、入学帮助的青少年。

（5）困境未成年人。有流浪行为被救助的未成年人；有短暂流浪行为或严重流浪倾向的未成年人；因监护人重病、去世、遗弃等原因实际无人监护的未成年人；权益受侵害未成年人。

（6）留守儿童。

（7）社区未成年服刑人员。是指在社区矫正期间不满18周岁的社区服刑人员；犯罪时不满18周岁被判处5年有期徒刑以下刑罚的社区服刑人员；犯罪时18周岁以上25周岁以下的在校学生。

（8）涉及犯罪案件办理过程中的未成年人。处于刑事诉讼程序中的未成年犯罪嫌疑人、被告人。

（9）服刑人员未成年子女。主要指父母一方或双方正在监狱服刑、在社区服刑（社区矫正）或者被判处死刑的 6 周岁（含）以上 18 周岁以下（不含）未成年人。

（10）在工读学校就读的学生。

此外，该方案还指出，需要依托"青年地带"探索建立广州市青少年事务社会工作专业服务标准及规范，培育孵化、支持发展一批与平安广州建设相适应的青少年事务社会工作机构；培养一批熟悉青少年司法体系、懂得青少年心理、素质综合全面的青少年事务专业社会工作者；建立"社工＋志愿者"的常态服务团队，发动青联、青企协社会力量参与，发掘和培育志愿者团队协助以及预防青少年违法犯罪工作。

第四章 三级预防机制的概念

预防对应对青少年偏差行为具有重要意义，有利于避免和减少青少年偏差行为造成的损害，是应对青少年偏差行为的根本途径，有利于社会稳定及节约社会资源。而"三级预防"的概念，在社会问题应对、精神卫生领域有广泛的应用。20 世纪 70 年代，加拿大西蒙弗雷泽大学刑事学院的布兰汀和福特斯首先主张在预防犯罪领域引入"犯罪预防理论"，并在《预防犯罪理论模式》中描述借鉴了公共卫生领域的防范理论经验，用于犯罪预防领域[①]。上述三级预防的概念，为解决青少年偏差行为问题提供了重要的参考依据。

一、三级预防理论的广泛应用

雷纳德 1975 年提出，任何社会问题的产生都有前置性条件、原因、结果与后果四个有递进关系的环节。故根据不同环节对社会问题的干预可以分为三个层次：第一，初级干预，即改善社会总体环境，避免产生问题的原因出现，从根源上预防社会问题的发生；第二，次级干预，采取措施，避免已经出现的原因导致不良结果的出现；第三，三级预防，对已经产生的不良结果进行干预，避免导致恶性后果。这个分析框架提示社会工作干预不能仅停留于问题产生后的治疗性服务，还应延展到预防问题产生的工作层面。如果说雷纳德的社会干预的三级体系提供了方向性的指引，那么卡普兰 1961 年关于精神卫生三级预防体系的理论则在具体的操作层面使社会工作实务由单一的治疗取向转向综合的预防取向。20 世纪 60 年代在美

---

① 王露颖. 论未成年人犯罪分级预防：基于对新修订《预防未成年人犯罪法》的研究[D]. 西宁：青海师范大学，2022.

国兴起的精神卫生去机构化运动的背景下，卡普兰提出社区精神健康服务应以"预防"为核心概念，建立从加强社区资源预防疾病到及早治疗再到促进康复的三级工作体系[①]。

二、三级预防犯罪理论

20世纪70年代中后期，一些西方犯罪学学者借鉴公共卫生领域中疾病的三级预防模式，提出了犯罪的三级预防模式[②]。经过多年的发展、完善，三级预防犯罪理论已经成为当今预防犯罪的主要体系之一。

三级预防犯罪理论主张通过分层级处理各个发展阶段的犯罪问题。按照美国学者史蒂文·拉布的理解，更具体地说，第一个层级防范，就是致力于减少为越轨犯罪的产生创造机遇的一般性自然环境和社会影响，包含了社会环境设计、邻里照看、一般威慑措施、私人保安和关于防范罪犯的社会教育。而第二层级防范，就是在早期预见犯罪并干预可能的犯罪产生原因，如《芝加哥区域计划》，该行动计划中包含了一般性的社会变革，替代通常会产生犯罪处罚的分流措施，此外还有关于校园管理、教师素质和社会层面学校防范的措施。第三层级防范，是指减少导致犯罪人再次犯罪的潜在危机，并强调防止惯犯再进一步影响社会关系，属于司法体系的职责范畴，主要涉及特殊威慑、剥夺刑事能力和矫正罪犯[③]。

第一层次的预防措施是针对一般公众进行介入。消除在自然与社会环境中诱发越轨行为的因素，通过环境设计、邻里合作、大众宣传工具、法律的威慑来预防犯罪。正规的司法部门的主要作用是支持和参与干预措施。

第二层次的预防是进一步把犯罪预防的任务交给正规的司法部门，公众不再被视为对付犯罪的首要行动者。其主要措施是强调改变表现出明显

---

① 徐文艳，沙卫，高建秀."社区为本"的综合社会服务：灾后重建中的社会工作实务 [J].西北师大学报（社会科学版），2009，46（3）：56－62.

② 储槐植，许章润.犯罪学 [M].北京：法律出版社，2001：293.

③ 史蒂文·拉布.美国犯罪预防的理论实践与评价 [M].张国昭，等译.北京：中国人民公安大学出版社，1993：13－19.

的潜在越轨行为的个人和环境，试图识别或预警谁应该被视为干预的目标。这个层次大多涉及青少年，有效针对第二层次的青少年进行教育与转化，减少再犯及成为成年人犯罪。

第三层次的预防范围仍然为正规的刑事司法系统领域，干预措施主要是针对已经违反了法律的个人，强调减少再犯，通过刑罚的个别威慑作用，剥夺罪犯的犯罪能力，以矫正等方式预防重新犯罪。

三、青少年偏差行为三级预防机制

根据上述三级预防的概念，不管是社会问题应对、精神卫生领域，还是预防犯罪领域的三级预防理论，针对的都是面临同样问题的人群，根据问题发展的程度，从问题未发生、问题发生后及时治疗、促进康复不同的阶段来划分。因为同样存在病态性、公共性、持续性和复杂多样性，建立三级预防机制，采用系统的理论体系，才能解决问题。有见及此，启创社会工作服务中心（以下简称启创）在青少年偏差行为防治中，采用三级预防机制有重要的借鉴及实践意义。

第一级预防，即超前预防工作，针对青少年偏差行为发生的心理、社会、家庭、学校等因素，提供综合性预防措施，主要包括禁毒宣传教育、普法宣传教育、生涯规划服务、心理健康服务等预防性服务。通过广泛性的宣传教育工作，通过在大多数青少年群体中传播普及预防知识，促进社会公众对这些问题的了解，鼓励全民参与，实现积极的"被害预防"。

第二级预防，即临界预防工作，是一种及早预防的介入方式，即在青少年偏差行为尚处于初期时，做到早发现、早介入和早治疗。具体针对困境青少年，疑似存在心理危机青少年或出现心理危机初期青少年，服刑、戒毒人员未成年子女，在校受到记过处分学生等高风险、高危机人群进行重点筛查介入，以减少或缓解青少年严重偏差行为的发生，防患于未然。

第三级预防，即矫正预防工作，也是治疗介入，预防再犯，着眼于恢复。针对已出现偏差行为，特别是严重偏差行为的青少年进行治疗，防止行为恶化，逐步恢复其社会功能，强化保护因子。具体由专业人员（社工）针对存在不良行为青少年，如吸毒青少年、社区矫正青少年、权益受

侵害青少年、涉案青少年等群体，提供个案辅导工作，进行个别化的观护介入。（如图4-1所示）

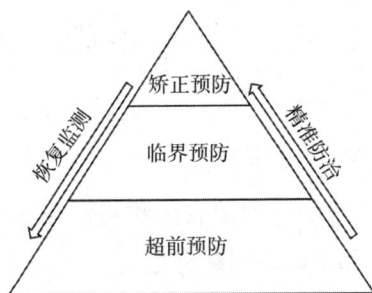

图4-1　青少年偏差行为三级预防机制

与以往学者提出的"三级预防"理论有所不同，青少年偏差行为三级预防机制除了关注每个层级的介入以外，也注重每个层级之间的转化，形成闭环。"超前预防—临界预防—矫正预防"自下而上地预防介入，每层级所针对的群体越发精准：大多数青少年/社会公众—存在高风险/高危机青少年—存在偏差行为青少年，针对不同层级群体有其专门的防治方法，从而减少或缓解青少年偏差行为的出现及恶化，有效维持社会和谐稳定。同时，在纵向层面，我们也需要动态地看待每个青少年，通过预防介入，青少年可以通过"矫正预防—临界预防—超前预防"3个层面逐步恢复正常的社会功能，专业人员（社工）通过动态的监测评估，稳定青少年行为情况，以达到自上而下地逐步恢复。

综上，在三级预防机制中，第一级预防最为重要，对于大多数青少年工作都需要强调超前预防的重要性，即使难以全部做到第一级的预防工作，也应尽量做到第二级临界预防工作，矫正预防工作作为补救性手段应减少乃至杜绝。

第五章　海珠区"青年地带"项目的应用

2015 年，由广州市综治委预防青少年违法犯罪专项组、广州市民政局、广州市司法局、广州市财政局联合出台的《关于在全市大力建设预防青少年违法犯罪工作服务站的方案》指出，以《广州市预防青少年违法犯罪工作五年规划（2013—2017）》为依据，明确"青年地带"作为青少年事务"专科医院"的定位，以五类重点青少年群体服务管理工作为突破口，重点开展预防青少年违法犯罪社会服务工作，建立三级预防机制，主要包括：一是以教育引导为主开展青少年法制教育等超前预防工作；二是以管理服务为主，扎实开展五类青少年群体临界预防工作；三是以矫正帮扶为主大力促进涉案青少年再犯罪预防工作。市、区两级预防专项组将制定科学的评估体系，对全市预防青少年违法犯罪购买社会工作服务的实效进行考核。

海珠区"青年地带"项目作为全国首批政府购买社工服务项目，是全国首批青少年事务社会工作者试点、民政部全国社会工作人才队伍建设试点。项目从 2008 年 2 月启动，由启创与共青团海珠区委员会共同商议设计，得到省、市、区的大力支持。项目由市、区两级财政共同出资，委托共青团海珠区委员会进行监管，通过"政府购买公共服务"的方式，由启创承接，着力为海珠区 6～30 岁青少年及其家庭，特别是重点青少年群体，提供提前预防、临界预防和矫正预防社会服务。服务遍布 12 所学校社工站，6 个预防青少年违法犯罪社区工作站。

项目联动社会资源，运用社会工作专业信念和技巧，以正向青年发展为理念，增强及提升青少年的 6C 能力（6C，即信心、品格、能力、关怀他人、联结社会、贡献社会），以认知行为疗法、人本主义、优势视角等理论为基础理论，通过与政府相关职能部门建立合作机制，运用走访排查、入户家访、个案辅导、小组工作、社区工作等手法，从青少年个人、家庭、社区层面介入，发展潜能，改善家庭沟通方式，促进共融，达到预防青少年违法犯罪目的，促进青少年健康成长。"青年地带"如今已成为全市乃至全省共青团组织参与社会管理创新、发挥枢纽型组织作用的品牌项目，树立了青少年事务社工服务行业标杆。

一、海珠区"青年地带"项目三级预防机制

作为全国首批青少年事务社会工作者试点、民政部全国社会工作人才队伍建设试点，海珠区"青年地带"项目于 2008 年 2 月正式启动。在共青团广东省委、共青团广州市委及海珠区委区政府的支持指导下，项目在中山大学社会工作学系时任系主任罗观翠教授的带领下，开始探索共青团组织参与社会管理创新、发挥枢纽型组织作用的青少年事务社工服务的运作。初始阶段，海珠区"青年地带"项目明确自身专业化定位，着力为全区 6 ~ 30 岁青少年（包括外来务工人员及其子女）提供深层次、精细化的社会服务，为全区各街道社工站（原街道家庭综合服务中心）、学校、社区以及其他社会组织搭建失业、失学、失足、失管及边缘青少年个案转介服务平台。在站点运营上，突出一站一特色，关注闲散青少年、智障儿童及外来工子女等基层特殊群体，使共青团的根本职责在基层得到深化，实现"聚集青年，整合资源，协同行动，服务社会"的工作目标。

海珠区"青年地带"项目于 2012 年 9 月结束试点工作，正式在全区全面推广，市、区两级财政每年投入资金 600 万元，建立青少年社工服务站 18 个（其中社区社工站 6 个，驻校社工站 12 个）。项目以专项服务为基础，以个案服务为重点，立足社区和学校，发掘站点服务主线，着力打造"一站一特色"，探索资源中心、专项服务中心的"两中心"新服务模式，形成系统化、规范化、实务化、专业化的青少年事务社工服务项目。

2015 年 7 月，广州市综治委预防青少年违法犯罪专项组（团市委）、市民政局、市司法局、市财政局以前期海珠区"青年地带"项目工作经验为基础，联合编制印发了《关于在全市大力建设预防青少年违法犯罪工作服务站的方案》。以个案、小组和社区工作手法开展重点青少年群体的超

前预防、临界预防和矫正预防服务工作，逐步建立重点青少年群体的循证矫正和社会融入机制，实现对青少年特别是重点青少年群体教育、管理、服务、维权和预防工作的全覆盖。海珠区"青年地带"项目根据方案精神，结合项目经验，进行项目新一轮推进的规划，对区内的青少年需求、家庭情况、整体状况进行分析，正式研发海珠区"青年地带"项目三级预防机制，确定了三级预防的服务人群，分别为一般青少年、逆境青少年和重点青少年三类群体。制定了三步走的工作策略：第一，持续打造专项服务中心，提供专门化发展平台，促进各类一般青少年发展。第二，结合逆境服务对象需求，联合各方力量，整合资源持续提供服务。第三，持续排查区内重点服务对象动态情况，精准把握区内重点服务对象的状况，并提供服务。

经过 15 年的总结提炼，时至今日，海珠区"青年地带"项目以"社工＋"模式嵌入青少年服务的全链条中，通过"三级预防机制"全覆盖重点青少年群体的多层次需求，打造预防青少年违法犯罪服务与权益保障专项服务[①]，并在正向青年发展理论的指引下，形成三级预防机制循环圈，实现每层级的服务都以培养青少年正向发展作为目标，让青少年可以从负向向正向转变，恢复正常生活。（如图 5－1 所示）

为满足不同服务群体的需要，开展有针对性的服务，海珠区"青年地带"项目的服务框架设置呈"金字塔状"：对于海珠区 6～30 岁的青少年及其家庭，联合街道、居委、家综等资源，开展超前预防工作；对于来自海珠区困难家庭、服刑人员家庭、来穗人员家庭等逆境青少年，联合"家—校—社"、企业、基金会、专项服务项目等资源，开展临界预防工作；对于海珠区社矫、涉案、涉毒等重点青少年，联合公、检、法、司等司法体系，开展矫正预防工作，搭建海珠区青少年服务的预防网络与机制，使不同情况的青少年都可以在服务网络中享受到适合自己的服务。

在每层级的预防中，我们都以正向青年发展理论作为指导。关于正向

---

① 广州市社会工作协会．广州市社会工作发展报告［M］．北京：中国社会出版社，2021：215－228．

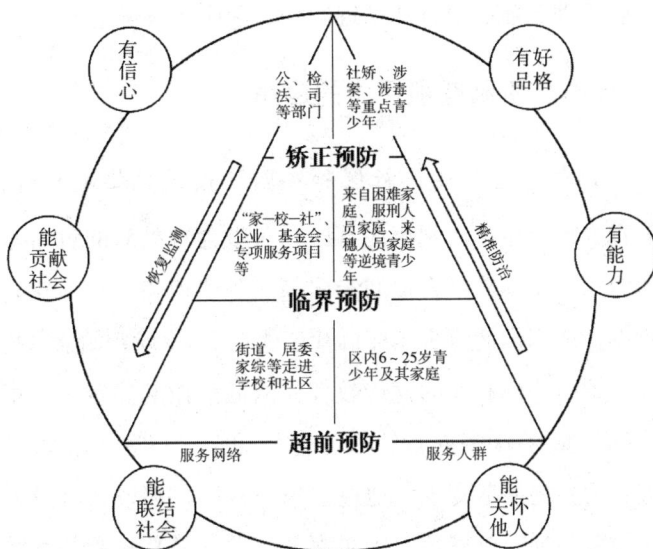

图 5 - 1 海珠区"青年地带"项目"三级预防机制循环圈"

青年发展的界定,不同的学者和机构都有不同的定义。有的将其定义为青少年获得能力,与自我、他人保持积极联系的过程;有的将其定义为需要快乐、健康、成功的青少年主体与场所、支持、机会以及服务相融合的集合体;有的则将其定义为减少危险行为和问题,关注青少年期望的一种活动①。正向青年发展是一种实践,是机构、学校、社区乃至项目为了激发青少年的发展潜能而采取的一系列方法。在循环圈中,"金字塔"的每一层级我们都以提升青少年的 6C 能力为介入方向,使青少年的 6C 能力可以平衡发展、正向发展。当青少年的正向能力和保护因子提升时,危机因子就会相应减低,青少年的能力发展就会从负向走向正向,青少年的危机程度就能逐步减弱,所处的层级就可逐步降低,恢复正向成长。

　　该服务框架的设计,一方面很好地回应了青少年偏差行为的三级预防机制,将三级预防的理念转化为服务理念,进行实践。同时,该框架从服务对象的需求出发,回应不同群体的不同需要,过程中注重不同服务网络

---

　　① 徐传来.青少年正向发展:青少年发展研究的新视角 [J].山东省团校学报,2008 (2).

的搭建，使服务理念能够更好地贴近实际，回应实际需要。

二、三级预防机制在项目中的应用

（一）创新教育宣传走进社区和校园，模式化推进超前预防服务

大部分青少年对法律法规存在盲区、对吸食毒品后的负面影响和危害性认识不够深刻，这容易诱发他们走向违法犯罪道路。目前新闻报道最小吸毒者仅 8 岁，被判刑的青少年告诉社工他在 13 岁就开始盗窃抢劫。大量案例告诉我们预防违法犯罪的宣传教育要从低龄做起。经过多年的服务总结，项目逐渐形成了众多创新的教育宣传服务，以禁毒、普法、生涯规划、心理健康为主要服务专项，通过"校—社"的联动，促进青少年多元发展，通过教育引导，开展超前预防服务。尤其是普法和禁毒宣传，在中小学、职中等学校和基层社区开展法律法规、毒品知识普及主题活动，使青少年充分发挥自身正面潜质，提高辨别是非、趋利避害的认识和能力，进而在思想上筑起防止自身违法犯罪的坚强防线。

1. 生涯规划——不同的人生阶段，正确认识，合理规划

生涯规划贯穿在人的一生当中，提前做好合理的规划，可以增强对于环境的适应与个人的把握。

小升初适应服务。由小学升到初中，学生离开熟悉的环境，来到陌生的学校，面临陌生的同学和老师、课业压力的增大、渴望自我独立的同时身心发展未完全成熟等困境，如果不能及时发现、有效介入，有可能会导致学生不自信、产生厌学情绪、被不良帮派吸引寻求归属感等。"青年地带"开展小升初适应班会，和同学们一起认识小升初的变化以及可以如何应对这些变化，并在班会课借助问卷调查，了解同学们升入初中这段时间的感受与适应情况，根据反馈情况，开展小组或者个案服务。

中、高考支援计划。面对人生重要转折点：中考、高考，考生在复习过程中难免会焦虑，思考对于未来的打算与安排，对读高中还是职中、念什么专业等有时候也会感到迷茫，需要人帮忙分析。父母过度的关切或者漠不关心都会影响考生的备考心情。中、高考支援计划，旨在协助考生分

析自身优势与劣势，外部环境的有利条件、不利影响等因素，综合分析制定合理的目标，明确奋斗方向，同时，搭建考生的社会支持网络，提供备考及缓解焦虑的相关信息，建立朋辈支持网络，父母恰当给予关心与支持，营造良好的备考环境。

2. 青春期——正确认识青春期，学会自我保护

伴随少年生长发育的加速，月经初潮年龄和首次遗精年龄不断提前，但是青少年了解青春期知识（性生理、性心理、性观念等）的官方渠道却十分有限。社工通过一系列青春期服务的开展，可以促进青少年更好地认识自我，习得人际交往技巧以及如何自我保护等内容。

如"青春季候风"青春期社工项目是以"青年地带"青少年服务项目为载体，以总结了启创团队数年青春期教育经验出版的《青春期教育社工指南》一书为方案蓝本，借助"青年地带"团队社工的专业能力而进行，该项目目前出版《青春期季候风》读本 1 套及街展宣传资料 13 套，介绍青春期的生理、心理、人际交往等多方面的改变，协助同学们正视青春期的各种改变、亲密行为的责任、两性交往过程中的自我保护等内容。

（二）社区为本的"家—校—社"联动，搭建临界预防服务网络

服刑人员未成年子女、来穗家庭未成年子女、困难青少年、"两需"（需要就业帮扶、入学帮助）青少年等青少年群体存在高危因素，一是缺乏适切家庭监护和关怀，社会化过程中得不到充分支援，他们的家庭并不完整，父母一方或双方因吸毒、犯罪、失踪、死亡等原因而无法担任监护人。二是未成年人在面临监护人转变、父母缺失问题时容易产生不理性的想法或行为，在生活上适应困难和自我照顾知识欠缺。针对这类有可能发生偏差行为的青少年群体，项目以社区为本，从家庭、学校和社会三个方面搭建保护和支援网络。社工定期走访、核查"两需"青少年个人及其家庭支援情况，保持联络，评估及制定介入策略，协助青少年处理自卑、自信心不强等问题，并积极链接社会资源为青少年及其家庭提供适切的支援，缓解家庭压力，防止青少年不良行为的产生。

对于困难家庭的青少年，其主要的需求包括两个方面：经济支持与个

人能力发展。面对经济上的困难，社工链接社区资源，开展了"幸福·家"居家改造计划和彩虹计划。"幸福·家"居家改造计划，主要链接社区中的设计师资源、建筑公司资源、热心企业，根据青少年家庭的实际情况，在原有的基础之上，改造困难家庭的学习空间，为青少年营造良好的学习氛围，同时创造机会，让家庭成员共同协商如何改造家庭的生活空间，改变现有的生活方式，让生活更加便利与美好。彩虹计划，链接基金会等资源，支持困难学生或家庭突变学生的学费及生活费用。通过家访评估学生家庭情况，确定资助额度。同时，每月组织受助学生参与社工组织的认识自我、生涯规划等主题的活动，促进学生个人能力的提升。社工保持对受资助学生的跟进，定期面谈，了解情况。

对于青少年个人能力的发展，主要有多元梦想课堂和 PA 计划（站点助理计划）。多元梦想课堂，针对 6~15 岁的困难家庭青少年，链接社区资源，包括大学生志愿者、退休教师志愿者、企业赞助或政府资金等开展服务，服务内容包括课业辅导、书法兴趣班、合唱团等，发展青少年的语言智能、逻辑——数学智能、身体——动觉智能、视觉——空间智能、音乐智能、人际交往智能、认知智能和自然观察智能等[①]，提升青少年的就学动机和社区参与的意愿。PA 计划，针对 15~24 岁的困难家庭青少年，安排其在社工站点值班，协助社工进行站点日常服务。青少年在服务社区时，逐步锻炼了职业技能，依靠自身能力赚取一定的收入补贴家用的同时，发展青少年的个人能力，实现从学生角色逐步向职场角色转变，提升青少年的生涯规划意识与能力。

同时，除了具体的服务以外，项目针对高风险的青少年群体，开展心理健康筛查、禁毒早筛计划，通过对高危因子的筛查，对个案进行初步评估，精准判定需重点关注的青少年，匹配合适的个案资源和项目，使社区资源得到合理使用，同时需求得到最大限度的满足。

---

① 陈庆国，张莹. 多元智能视角下的大学生综合素质拓展探讨［J］. 东北师大学报（哲学社会科学版），2011（4）：280－282.

（三）与公、检、法、司部门合作，分类开展矫正预防服务

存在高风险的涉毒、社矫和涉案青少年群体，他们原本就处于公、检、法、司各部门的监管之下，而开展矫正预防服务需要与原有的系统对接，借助预防青少年违法犯罪社区工作站的基础，搭建一个专业评估、转介和跟进的服务平台，采用个案管理的方式跟进，注重青少年的认知调整、行为改变和能力提升，引导青少年远离毒品和犯罪，提升青少年对法律法规的认识。在跨界合作方面，项目与公、检、法、司部门逐一沟通和协商，商定服务计划和分工。社工作为一个辅助力量参与政府部门的工作，一方面依靠部门的工作机制以明确社工的身份，便于更顺利地开展服务；另一方面建立一个有关服务资讯和资源的共享平台，在遇到危急、突发情况时能通过个案管理的方式跟进青少年，有利于及时、有效处理各种问题[①]。

对于海珠区社矫、涉毒等重点青少年，项目形成了社矫对象、涉毒对象的个案服务模式，主要内容如图 5 - 2 所示。

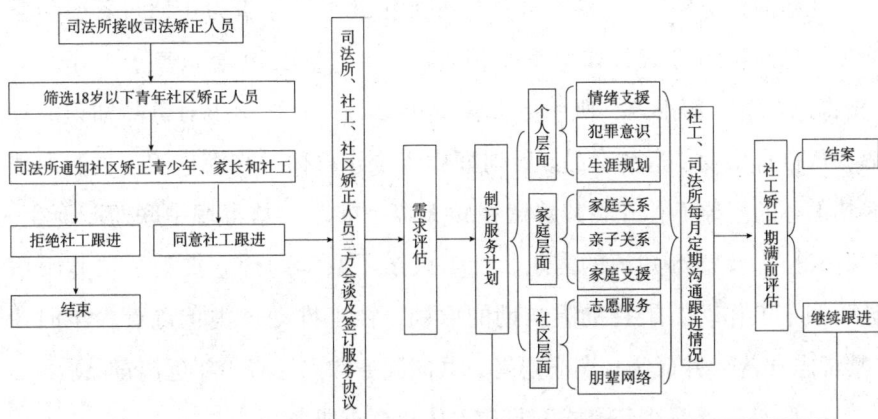

图 5 - 2 海珠区青少年社矫对象的个案服务模式

个案服务从社工了解服务对象的基本信息、与服务对象接触、服务对象同意社工跟进开始，若服务对象接受社工服务，则相关部门、社工、服

---

① 广州市社会工作协会. 广州市社会工作发展报告［M］. 北京：中国社会出版社，2021：215 - 228.

务对象三者签订服务协议，在需求评估的基础上，制订服务计划。服务计划围绕个人、家庭与社区三个层面展开，通过营造良好的家庭氛围，搭建正向的朋辈支持网络，为青少年的改变提供正向友好的环境。同时，针对青少年个体的情况，促进青少年提升预防犯罪意识/复吸意识，提升生涯规划能力，在意识和能力两个方面促进了青少年个体改变的实现，有效预防了青少年再犯罪。

三、三级预防机制专项介入案例

（一）"毒不可友"青少年禁毒计划

"毒不可友"青少年禁毒计划通过政府、企业、学校和基金会的多元合作，形成三级预防模式，共同推动青少年及其家庭提升拒毒防毒意识，从而有效预防青少年违法犯罪。

1. 增加心理资本，搭建通往内心的桥梁

在超前预防层面，"毒不可友"青少年禁毒计划着力于通过青少年喜闻乐见且新颖的方式，如禁毒微视频大赛、"慧眼识毒"亲子工作坊和"禁毒志友营"等形式，吸引更多青少年参与，增强学生对毒品知识的理解，从自身出发，远离毒品。针对职中青少年群体，在海珠团区委和海珠区禁毒办的指导下，开展禁毒微视频大赛，推动"禁毒职中联盟"诞生。针对家长普及禁毒知识的需求，社工以亲子共学的理念推动了"慧眼识毒"亲子工作坊。秉持助人自助的原则，社工推动这类重点青少年回馈"禁毒志友营"并成为一名志愿者，共同服务和倡导青少年远离毒品。

2. 瞄准重点青少年需求，打造立体化亮点服务

在临界预防层面，打造立体化的介入服务，才能更好地回应不同青少年的需求。针对隐蔽性吸毒日益增多及职中生群体涉及毒品情况有上升趋势的现状，社工在职中生群体和不良行为朋辈中启动了"青少年禁毒早筛计划"，启创建立了本土青少年药物滥用（禁毒）的早筛模型和风险评估流程，收集基础数据，识别目前影响青少年药物滥用或涉毒的最新情况并进行因素分析，更快、更精准地筛查目标群体，为未来开展干预工作提供

参考。针对涉毒人员子女的身心成长问题，社工联合政府、企业、基金会、志愿者，开展"陪伴精灵"涉毒人员子女帮扶计划，为海珠区涉毒人员子女提供心理健康的筛查，链接义教志愿者和社会资源，为涉毒人员子女提供全方面成长支持，促进涉毒人员子女身心健康成长，共同维护青少年权益。

3. 通过成瘾相关量表，以综合视角下认知行为疗法作为切入点

在矫正预防层面，为更好地处理心理成瘾问题，社工必须先了解青少年对成瘾物质和行为的核心认知，帮助其厘清成瘾背后的真实需求，从"例外"中打破并重构认知，推动青少年获得新认知，从而改变其行为。在综合视角的指引下，社工从人本主义去理解成瘾是一种病态，而成瘾者的身份其实是一个"患者"。在优势视角下，成瘾者也拥有自己的长处和优势，这种优势需要被发掘和被重视。同时，从正向青年发展理论的视角出发，社工看待每个成瘾者都拥有改变的动机和机会，我们需要为他们的改变创造一个平台。针对吸毒青少年预防复吸的需求，社工打造了"不再迷途"矫正服务计划，通过"改变之轮"协助吸毒青少年一步一步走出毒瘾的旋涡。

（二）"法治伴我同行"普法服务

1. 广泛开展"线上＋线下"一体式普法，增强精准性和实效性

青少年普法项目在预防层面，主要围绕"普法三进""微光剧场""云普法"等服务形式，搭建"普法＋"宣传平台，"三进"即通过进社区、进学校、进家庭开展普法宣传。为满足不同学校的法制教育需求，根据不同年龄阶段、不同生活环境和家庭特点的不同学生群体而策划了有针对性的"普法三进"服务，宣传法律知识、反诈防骗、非法借贷等内容，实现对公办、民办、小学、中学和职业技术学校学生的普法宣传全覆盖。"微光剧场"采用"教育戏剧"的体验式手法，通过互动剧场活动，融合"普法教育"元素，为海珠区内在校学生及家长，特别是流动且高危的青少年家长开展普法体验教育，让参与者亲身参与高质量的探究活动，从而真正达到学习法律知识、锻炼思辨能力、增强法律意识的目的。开发利用线上

"云普法"形式，扩大服务宣传面，提升青少年的法律意识及自我保护能力，使青少年充分发挥自身正面潜质，提高辨别是非、趋利避害的认识和能力，进而在思想上筑起防止自身违法犯罪的坚强防线。

2. 聚焦普法支援，为重点青少年撑起学法懂法的"平安伞"

青少年普法项目在临界层面，主要针对可能发生偏差行为、存在高危因素的青少年群体，从家庭、学校和社会三个方面搭建一个保护和支援网络。定期走访、核查青少年个人及其家庭支援情况，以小组的服务形式，开展"海珠青年说"服务，针对有可能存在偏差行为（潜在高危）的青少年，进行早期干预，瞄准青少年潜在问题，提升青少年风险危机识别意识与应对能力，减少违法犯罪行为。

3. 汇聚合力精准帮扶，助力涉案青少年顺利回归社会

青少年普法项目在矫正层面，主要与公、检、法、司等部门进行沟通和协商。存在高风险的社矫和涉案青少年群体原本就处于公、检、法、司各部门的监管之下，而开展矫正预防服务需要与原有的系统对接，借助三级预防青少年专项服务站的基础，搭建专业评估、转介和跟进的服务平台，采用个案管理的方式跟进，辅以"历奇辅导"计划，注重对青少年的认知调整、行为改变和能力提升，引导青少年远离犯罪，提升青少年对法律法规的认识。

（三）"共创晴天"青少年心理健康服务

"共创晴天"服务通过三级预防机制，全面介入青少年心理健康，增强青少年抗逆能力，学会心理调适，协助青少年走出心理困境，树立良好的心理健康理念。

1. "一盒一课一行动"心理健康预防，多维度支持与保护

在超前预防层面，通过"一盒一课一行动"开展心理健康预防工作。"一盒一课一行动"指的是由项目同事研发的一套"晴家盒子"、一套"晴心课程"，以及一系列"晴天行动"。

"晴家盒子"作为一套家庭互动式心理健康教育工具，着力为青少年及其家庭成员进行心理健康指引，通过工具中所提供的游戏和指导手册，

加深亲子的交流和理解，增进亲子情感。"晴心课程"是按照年级、主题系统整理推出的心理健康课程。课程在初一年级以适应教育作为主题，初二年级以青少年青春期教育和引导为主题，初三年级的青少年面临中考的挑战，课程以生涯规划教育为主题。通过开展主题班会、社团活动等不同形式，让青少年在活动中锻炼自身的能力，通过与他人的合作、交流，不断学习新知识、掌握新技能，有效丰富学生的阅历、拓宽其眼界。"晴天行动"是社工在校内外开展的一系列心理健康主题服务，通过各类型活动如心理健康知识宣传活动、心理健康游园会、心理剧场、心理健康学生/教师团辅导、情绪管理主题服务、压力缓解主题服务等引导青少年了解心理健康基础知识，学会合理宣泄自身情绪，调整自我心理状态，感受身边的支持力量，营造和谐的氛围，从而推动青少年认识到要爱自己、爱别人、爱社会。

2. "两个全面"筛查学生心理问题，主题服务共性问题

在临界介入层面，我们通过开展心理健康核查，推进了"一筛一辅导"的工作，对学生进行分层分类，制订对应的跟进计划。面对开始面临心理困境的学生，聚焦其问题的共性开展团体辅导小组。"两个全面"指全面开展心理健康状况筛查工作，以及"晴天树洞"线上线下全面覆盖。全面开展心理健康状况筛查工作有助于掌握学生动态信息，及时对学生心理困扰进行干预，防范负面情绪问题转变成心理问题，心理问题转变成极端行为的情况。"晴天树洞"线上线下全覆盖为青少年提供了不受时间地域限制的表达个人困扰的平台。青少年可以通过"晴天树洞"获得被聆听的机会，也可以获得社工的联系回应。

3. 提供个案辅导，实现精细化服务

在矫正治疗层面，我们对青少年的心理问题给予"一对一"有针对性的个案辅导，提供精确到位的服务。此外，我们还建立了校园危机事件干预工作团队，给予专业的支援和精准的服务指引，通过强大的团队支持，为社工提供服务支撑，让服务的力量更加强大，给予青少年更全面的支持。

（四）"传递校园正能量"，构建和谐校园服务

服务致力于预防欺凌事件的发生，治疗在欺凌事件中受到伤害的群体。通过街展宣传、新媒体、主题班会及专题活动等形式，让学生、家长、教师及其他群众了解欺凌的相关知识，初步懂得应对的技巧。同时以小组、个案管理等形式，针对校园欺凌事件作进一步介入及跟进，逐步探索并制定预防校园欺凌的"家—校—社"合作机制，总结经验，减少欺凌事件的发生及蔓延。三级预防机制的模式明确了校园欺凌服务的目标对象与其内容的关联性，增强服务针对性，更凸显成效。

1. 全面普及预防性服务，构建正向和谐校园氛围

第一级的全面性介入，针对全体的学生、家长及教师，面向青少年及相关人士进行广泛的社会宣传教育及社会倡议。通过"校园零欺凌"班会、"预防校园暴力"街展活动，提升学生对于自我保护及校园欺凌相关知识的了解，懂得初步的应对技巧；通过教师工作坊，与教师探讨如何创建正向积极的课堂气氛，正向处理校园欺凌事件；通过家长工作坊，提升家长正面管教能力及正向处理校园欺凌事件的能力，提高每个人对校园欺凌的重视程度。

2. 聚焦临界性服务，陪伴学生正向成长

第二级的选择性介入，针对有潜在需要的青少年，对应校园欺凌事件中不同角色群体开展服务。通过"和谐大使"支援者培育计划、"戏出文明"小组，挖掘与激发青少年的潜能，赋予青少年权力感，特别是让曾经遭遇或涉事校园欺凌事件的青少年回归到服务中，从"过来人"的角度，分享真实的案例，也在服务中进一步调整青少年身心状态，使之逐步恢复正常学习生活。

3. 精准提供矫正性服务，建立校园欺凌事件介入模式

第三级的重点介入，针对已经发生的校园欺凌事件当事人开展治疗性的工作，通过个案辅导、被欺凌者治疗小组、欺凌者治疗小组、家长及教师介入欺凌工作培训，同时通过个案调解会议，让事件的当事人家庭、学校等相关人员共同协商调解，让涉事青少年重回正确的人生轨道。

第六章 三级预防机制的作用与发展

一、三级预防机制的作用

（一）采用系统视角介入问题，提高服务的专业性和有效性

青少年偏差行为三级预防机制的提出，是三级预防理论的实践，梳理明确了青少年服务工作者的服务逻辑，从服务顶层进行谋划，提高服务的专业性和有效性。三个层级有机统一，指引青少年服务工作者在服务设计中形成"闭环"思维，保持青少年的转变及动态发展的思路，为青少年正向发展理论奠定了基础。

（二）实现分层级有序介入，保障横向层面介入的规范性

我们以往的各种理论体系均着眼于"全局""综合"，希望从整体层面，全面指导工作，希望尽可能将各种问题和内容都笼统地涵盖在内，却忽略了分类介入跟进的初衷。青少年偏差行为三级预防机制，重视预防青少年偏差行为的层次性，实践中区分不同层级问题的轻重缓急，每个层级都坚持统一的方法，保障横向层面的规范介入：普通青少年—超前预防、潜在风险青少年—临界预防、严重偏差行为青少年—矫正预防。

（三）建立临界层面筛选标准，提升发现潜在风险青少年的精准度

在宏观和微观预防相结合的预防体系中，往往缺乏"中观"层面预防的衔接和过渡。在三级预防体系中，超前预防层面较容易理解和操作，是社会化层面的介入。矫正预防层面作为国家法治领域的介入，体现法治社会的"温度"，对青少年这一特殊群体以教育替代严惩。而临界预防层面是最难判定、最容易被忽略的，在划分上相对含糊，需要用社会预防和心理预防相结合的手段，建立精准筛选标准。青少年偏差行为三级预防机制

强调"中观"层面的重要性，鼓励不同层次、不同专项临界预防筛选的标准，精准介入潜在风险青少年群体，防止问题的恶化。

二、三级预防机制的未来发展

（一）探索青少年行为偏差预防工作"家、校、社"协同共育模式

2022年1月实施的《中华人民共和国家庭教育促进法》指出，家庭教育应当符合"家庭教育、学校教育、社会教育紧密结合、协调一致"的要求，"各级人民政府指导家庭教育工作，建立健全家庭学校社会协同育人机制"。青少年的健康正向的身心发展，需要家庭、学校和社会有效协同，形成合力。在青少年行为偏差预防工作中融入家庭、学校、社会力量，应积极探索青少年行为偏差预防工作"家、校、社"协同共育模式，推进青少年行为偏差预防工作，促进青少年全面发展。

（二）加强超前预防工作，使青少年问题防患于未然

随着社会经济的发展，青少年所接触的社会环境产生了日新月异的变化，超前预防服务需要多角度、多维度满足青少年的物质需求、社会需求、精神和心理需求，除了聚焦青少年偏差行为产生的原因外，还需要聚焦社会问题的变化及创新服务手法的运用，让更多的青少年和家庭愿意并喜欢参与预防工作，真正达到防患于未然的效果，相信服务创新是青少年服务工作者永恒追逐的话题。在三级预防机制中，社会往往将资源投放于临界及矫正层面，而忽视了超前预防层面的介入，未来我们应加强超前预防工作，才会尽可能减少青少年偏差行为的出现。

（三）提升对潜在问题的敏感度，早识别早行动早总结

临界预防层面，是三级预防机制中最难把握和开展工作的层面，虽然在现时的实践工作中取得了一定的成效，但潜在风险青少年群体的情况非常复杂，如何完善筛选和判断的途径，提升青少年工作人员及社会大众的敏感度，让越来越多的偏差行为青少年能够被识别于临界预防层面，及早介入并能及时总结介入经验，让他们逐步恢复正常的生活功能，依然是未来值得我们不断探索的方向。

第三篇

三级预防机制介入青少年偏差行为案例

在前文中，我们主要分享了青少年偏差行为的现状，三级预防机制的背景、概念及在青少年偏差行为中的应用情况。接下来，我们将结合三级预防机制进行案例的分享，这些案例来源于启创社会工作青少年服务团队的实务经验总结，希望可以在理论背景下，给大家更多实践和经验的参考。

本篇分为超前预防介入、临界预防介入和矫正治疗介入 3 个章节内容，共收纳了 26 篇案例文章，通过社会工作的个案、小组、活动等手法的运用，有效介入不同等级的青少年偏差行为，让读者在短时间内全面了解三级预防机制介入青少年偏差行为的实践和成效。

第七章　超前预防介入

在第二篇中,我们已经提及超前预防工作,它也叫一般预防工作,关注的对象是 6～25 岁的青少年,针对不具有偏差行为动机和意识的青少年,为大多数青少年提供优质的社区环境、维护校园安全和净化媒体环境。在日常的介入中,我们通常采用赋权理论、体验式学习法、社会学习理论、社会互动理论、生涯发展阶段理论、理性情绪治疗法等理论,涉及禁毒宣传教育、普法宣传教育、生涯规划服务和心理健康服务四大内容,增加青少年在家庭、学校、社区中的保护因子,减少危机因子。

一、禁毒宣教案例

案例1　"毒一试＝毒一世"禁毒微视频大赛

聂凤娟[①]

(一)案例背景

公安部 2022 年 6 月发布的《2021 年中国毒情形势报告》显示,2021年底,全国现有吸毒人员 148.6 万名,同比下降 17.5%;新发现吸毒人员12.1 万名,同比下降 21.7%。现有吸毒人数和新发现吸毒人数连续 5 年下降,毒品滥用治理成效持续显现。受毒品供应和流通数量"双降"影响,国内主流毒品价格居高且普遍掺假,部分吸毒人员寻求麻醉药品和第一类精神药品及非列管物质进行替代,滥用替代物质危害日益显现。一些不法

---

① 聂凤娟,广州市启创社会工作服务中心项目副主任,助理社工师,从事青少年事务社会工作 6 年。主要实务及研究方向:青少年社会工作、社区青少年服务、生涯规划服务。

分子利用精神药品制成"迷奸水""听话水"，实施强奸、猥亵等犯罪活动。与此同时，"互联网＋物流寄递"贩毒增多，青少年隐蔽性吸毒的势头明显。

基于此，本案例面向职中阶段的青少年群体，期望通过创新禁毒教育手法，有效提升禁毒教育的实际效果，促使更多人关注和参与禁毒预防工作，预防青少年违法犯罪，共筑禁毒防线，守护青少年健康安全成长。

（二）预估分析

1. 面向青少年群体普及禁毒知识具有必要性

根据场地理论的观点，青少年群体既充满激情和活力，又难以避免面对社会上的种种诱惑，他们容易受朋辈或社会不良风气影响，沾染毒品的可能性高。升入职中的青少年，他们在金钱使用及闲暇时间支配方面的自由度增加，且对于网络的使用技能也逐渐增强，网络环境或生活环境中出现毒品陷阱、诱惑的风险提升。学校是青少年学习和生活的重要场所，该场域的安全健康环境是需要大家共同创造及守护的。

2. 青少年群体参与禁毒工作具有必然性

禁毒工作需要全民参与、社会共治、群策群力、群防群治，坚定不移地开展，职中生拥有一定的能力及相对充足的资源和条件来参与。根据马斯洛需求层次理论，职中生正处于学习能力强、好奇心强的阶段，对他们进行知识、技巧类的培训，并为他们提供创造性的平台和机会，他们便可以发挥自身能力，为社会作出贡献，从而获得更多的认可，增加自身的快乐，满足自身尊重及自我实现的需求。

（三）服务目标及计划

1. 服务目标

赋权理论认为，青少年有改变自己的能力，也有增强自身优势并为社会的整体利益作贡献的能力。通过赋予每位参赛青少年特定的角色："参赛者即宣传者"，让青少年在参赛过程乃至后续都可以自发为禁毒宣传教育工作作贡献。依据体验式学习理论，以参赛为目标，通过毒品知识深化培训、手机拍摄知识培训及分享会提升青少年的知识接收效率。让青少年利用当下流行的短视频方式，表达他们对毒品的认识和想法，也利用青少年的力量呼吁社会大众远离毒品。

帮助职中生掌握毒品知识及拒绝毒品的技巧，提升他们拒绝毒品的意识和能力；培训参赛者成为禁毒工作的帮手，协助禁毒工作做得更好；吸引更多的社会人群关注并了解禁毒知识，扩大宣传教育的覆盖面。

2. 服务计划

（1）起始阶段：发动多元主体的参与，将服务及宣传效果最大化；吸纳尽量多的参赛队伍。

（2）实施阶段：有序推进培训、拍摄、提交作品及初、决赛等环节的实施；为参赛者提供所需知识及技巧，并鼓励参赛者用实践检验成果。

（3）宣传推广阶段：推进网络投票环节，调动参赛者的主观能动性，进行服务的广泛宣传；联动多元主体，开展后续放映会、游园会、投稿等二次宣传。（如图 7 - 1 所示）

（四）服务计划实施过程

服务参与主体一般包括与禁毒及青少年相关的政府部门（如禁毒办、综治办、共青团等）、社会工作机构（如承接青少年专项、禁毒专项等项目的社会工作机构）、学校（中职/高中、高职/大专、高校等）及其他社会力量（如广告设计公司、拍摄团队、宣传媒体）等。

其中，政府部门主要负责指导服务，包括提供政策支持及监督实施等，也可根据具体情况提供经费支持；社会工作机构负责制定各项程序，统筹服务整体落实；学校则主要负责组织学生参与并协助保障作品质量；其他社会力量的投入则是为了让服务更加专业，亦可扩大服务宣传面，将服务的成果推广至更高、更广的平台，扩大影响力。

1. 起始阶段

该阶段主要内容是宣传招募，社工联动职能部门（如区禁毒办、区教育局等）、学校，以"线上 + 线下"的方式，包括但不限于公众号宣传、政府部门发文、入校开宣讲会等多种途径向目标群体进行宣传，多渠道地让参赛者了解大赛相关的资讯，尽可能地吸纳参赛队伍。本案例在宣传阶

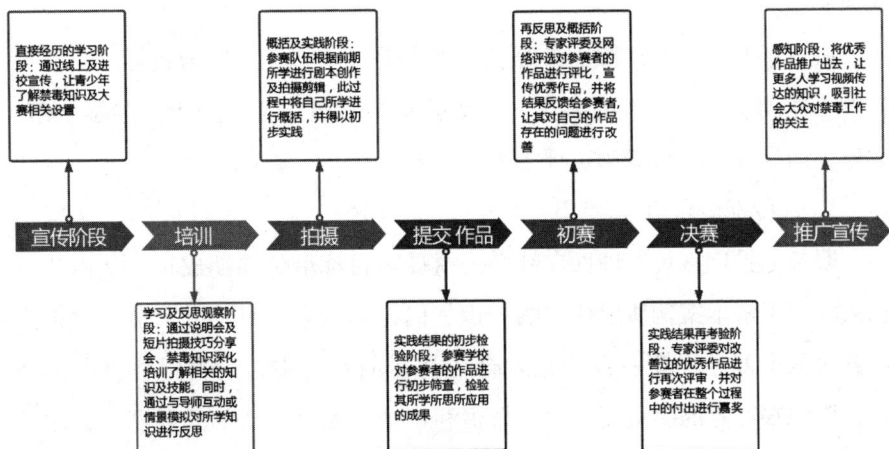

| 直接经历的学习阶段：通过线上及进校宣传，让青少年了解禁毒知识及大赛相关设置 | 概括及实践阶段：参赛队伍根据前期所学进行剧本创作及拍摄剪辑，此过程中将自己所学进行概括，并得以初步实践 | 再反思及概括阶段：专家评委及网络评选对参赛者的作品进行评比，宣传优秀作品，并将结果反馈给参赛者，让其对自己的作品存在的问题进行改善 | 感知阶段：将优秀作品推广出去，让更多人了解视频传达的知识，吸引社会大众对禁毒工作的关注 |

| 宣传阶段 | 培训 | 拍摄 | 提交作品 | 初赛 | 决赛 | 推广宣传 |

| 学习及反思观察阶段：通过说明会及短片拍摄技巧分享会、禁毒知识深化培训了解相关的知识及技能，同时，通过与导师互动或情景模拟对所学知识进行反思 | 实践结果的初步检验阶段：参赛学校对参赛者的作品进行初步筛查，检验其所学所应用的成果 | 实践结果再考验阶段：专家评委对改善过的优秀作品进行再次评审，并对参赛者在整个过程中的付出进行嘉奖 |

图7-1 服务实施过程流程图

段，成功招募了来自 11 所学校的 39 支参赛队伍，共 150 人。

2. 实施阶段

该阶段包括了培训、拍摄、提交作品及初、决赛等环节。社工根据主办方的指导，联动多元资源为参赛者提供所需知识及技巧的培训，并鼓励参赛者通过实践来反复检验自己所学所思的成果。

培训环节：通过召开说明会、分享会、讲座等方式，一方面让参赛者明晰大赛的具体规则；另一方面让参赛者了解毒品知识，提升短片拍摄、镜头表演和拒毒的技巧。本案例在培训阶段实现了 39 支参赛队伍全员、全程参与所有培训。

拍摄环节：借由日常跟进和专业摄影团队跟拍的方式，社工有效把控参赛队伍进度以及培训成果的运用情况，最终实现了 39 支队伍都递交了至少 1 个优质的参赛作品。

提交作品环节：激发学校的参与热情，由学校根据大赛的规则，筛选出校内不少于 2 种类型的 5 部优秀参赛作品，进行参赛。本案例通过学校筛选的环节，最终 26 部作品入围初赛。

初赛环节：以线下、线上相结合的方式，对作品进行初评。线下的现场评委组成包括教育部门、禁毒相关部门专家及大赛筹办委员会成员，线上主要以网络投票为主。线上和线下的综合得分前 10 的作品，获选进入决赛。

决赛环节：主要以激励参赛者、扩大禁毒工作关注度为目标。决赛现场的工作调动了志愿者的参与。决赛的参与人员包括志愿者、参赛队伍、政府部门领导、学校老师、评委等。

3. 宣传推广阶段

服务的推广宣传，即面向社会公众展示目标群体前期成果，从而让更多人学习了解本案例所要传递的知识、倡导的观念及行动。大赛的宣传推广分为两个部分：第一部分是融合在初赛的赛制中，设置网络投票的环节，调动参赛者的主观能动性，自主利用个人及其周边的人际网络，进行服务的广泛宣传。第二部分在大赛结束后，通过与政府部门、学校、社区等联动，开展后续放映会、游园会、投稿等，进行二次宣传。大赛活动最终获得累计超过 17 万人的访问量，累计投票数近 3 万票。

（五）成效评估

大赛活动采用社工观察、服务对象反馈、服务后访谈相关方等多种途径对服务进行评估。

1. 提升青少年拒绝毒品的意识和能力

大赛活动共有来自 11 所职校约 500 名青少年学习了禁毒知识及拒毒技巧，其中的 150 名为参赛者。结合调查结果，经历整个大赛后，目标群体的拒毒意识及应对方式得到强化及提升。青少年通过"统一培训＋自主学习"获得了更多的禁毒知识，提高了拒绝毒品技巧。其最终拍摄完成的优秀作品中大部分都呈现了禁毒的相关内容。作品中不仅呈现了社工在毒品知识培训中传递的内容，如毒品对人身体的危害、如何逃出毒品高危情境等，还有参赛者为了让拍摄内容更加丰富而主动收集的其他毒品相关知识。

2. 参赛者成为禁毒工作的帮手

大赛赋予每位参赛者帮手的角色，他们在整个服务过程中也做到了"参赛者即宣传者"，为向学校及周边人群宣传禁毒知识作出了贡献。后续在学校及社区的禁毒宣传活动中，参赛者充分发挥自己的积极主动性，组织本校学生干部成为活动志愿者，成为向其他学生宣传禁毒知识的好帮手。

3. 吸引更多的社会人群关注并了解禁毒知识，扩大宣传教育的覆盖面

从宣讲会到决赛，从现场宣传到网络宣传，大赛涉及各参赛学校的师生、各参赛者的家人朋友及多个社交圈。大赛的直接参与者约 150 名青少年，间接受益者包括参赛者的家人、亲戚、朋友及其他社会大众，总人数超过 3 万人。持续一周时间的网络投票累计访问量超过 17 万人次。优秀作品一方面在"海珠禁毒"等多个公众号平台进行宣传推广；另一方面在禁毒日宣传活动时，不仅在商场的 LED 显示屏播放，还覆盖 5 所职高及初中学校、3 个社区，直接及间接受众广泛。

（六）专业反思

基于服务的延续性及专业化发展，提出以下几点思考：

1. 体验式学习及赋权理论在青少年禁毒工作中的意义

纵观整个大赛的设置，在体验式学习理论指导下，大赛让青少年学习、掌握禁毒知识及拒毒技巧，增强青少年的自我表达及团队创造能力，最终打造出优秀的作品。前期的培育过程让青少年的角色发生改变，促使他们在后期推广宣传过程中自然转变成志愿者或宣传助手。鉴于此，培育青少年的能力，并赋予他们特定的角色意义，青少年便可以在特定的领域或工作中有所作为。

2. 微视频大赛提升禁毒工作的大众关注度

多年实践证明，组织青少年拍摄视频可以更好地将毒品知识及毒品危害、禁毒工作的重要性在学校、社区中推广宣传，而参赛作品的播放则是对青少年付出的肯定及鼓励。获奖作品的传播能够引起大众对禁毒工作的关注，但如何传播并能产生正向的影响力，是需要进一步去思考的。如本案例的大赛评委曾表示："作品很新颖，值得被推荐去传播，但站在学校、学生的立场，希望可以邀请更专业的人士对作品进行审核和修饰，避免作品中的一些画面给观看者造成不良的示范及影响。"不同的受众，需要有不同的引导。谁是作品的审核者？作品又该修饰到何种程度才可以传播？

这应该是需要参赛者、禁毒办、政法委、教育局、社会工作机构等多主体共同协商确定的。

3. 大赛影响力的深度和广度的平衡

禁毒微视频大赛希望发动职校学生群体的力量，在提升该群体拒毒能力及意识的基础上，让更多的社会人群关注并了解禁毒知识，扩大宣传教育的覆盖面。据此目标，大赛侧重于参与者的数量及宣传影响的范围。常规情况下，2名社工联合跟进参赛者的各项情况，足以较好地实现目标。但是，当遇到较多参赛者有个性化需求时，2名社工不足以提供及时、适切的服务。基于此，可根据具体实施条件，利用"社工 + 志愿者导师"模式，实现大赛在覆盖面、精准化服务上取得双赢。

案例2 "慧眼识毒"亲子工作坊

高蔼祺[①]

（一）案例背景

公安部2016—2020年连续5年的《中国毒情形势报告》显示，受国际毒情和新冠疫情影响，毒品滥用问题仍然复杂，呈现毒品滥用种类多样，有的甚至伪装成食品饮料，如"毒糖果""毒奶茶"，极具伪装性、隐蔽性、诱惑性的特点。现有吸毒人员中75%为青少年，年龄最小的仅为10岁。私人住宅、出租屋、机动车内等隐蔽场所逐渐成为查获吸毒人员的主要场所，越来越多的吸毒人员通过网络视频聊天聚众吸毒，发现、查处难度大。在服务辖区内，社工通过涉毒服务对象了解到青少年吸毒情况仍然严峻，未被发现的涉毒青少年普遍缺乏戒毒动机，隐蔽性高、吸毒人员低龄化特征突出。同时，家庭教育与青少年毒品违法犯罪有着重要的联系，有时甚至成为决定性的因素，家庭教育作为一种独立的教育形态，对青少

---

① 高蔼祺，广州市启创社会工作服务中心站长，助理社工师。从事青少年事务社会工作12年。在前线服务、项目督导等方面有丰富的经验。主要实务及研究方向：禁毒服务、普法服务、青少年生涯规划服务、青少年心理健康服务。

年身心的发展起着特殊的重要作用，在禁毒宣传教育工作中是学校教育和社会教育所不能代替的。在广州市社区教育学院的支持下，本工作坊致力于研究亲子共学禁毒知识与青少年单独学习禁毒知识的效果对比。

（二）预估分析

目前常规的禁毒宣讲形式主要有两种：一是无互动式讲课，二是学生个人参与的游园会。以上两种常规的禁毒活动只针对青少年或家长个体参与，形式较为单一，只能评估个人参与后的收获，活动一般只会在学校、社区进行，受众以青少年为主，家长较少参与其中。

广州市教育局规定每所学校必须开设禁毒教育课程。在社区活动中，社工曾邀请了 80 位家长接受访问调查，其中 50 位家长表示自己对于毒品的了解并不是特别清楚，也不敢去教自己的孩子。目前社会上出现了很多伪装的毒品，如"邮票""巧克力"等，家长和孩子都需要了解相关知识，学会辨别毒品。大量研究表明，一些个体在青春期前期即开始出现吸烟、饮酒和吸毒等行为，随着年龄的增长，他们逐渐发展成多种药物或毒品滥用，15 岁左右是个体吸烟和吸毒等行为迅速发展的时期。而不管个体是在何时开始出现吸毒行为的，与吸毒有关的危险性因素在儿童早期即开始出现。

国内外研究显示，父母的教养理念、父母本身对毒品的认识和了解、父母对孩子生活技能的锻炼、父母的监控原则等因素对青少年的吸毒行为有较大影响。

（三）服务目标及计划

1. 服务目标

班杜拉的社会学习理论认为，青少年通过观察历程就能进行学习，并不需要个人亲身体验而直接受到奖惩。父母作为青少年特别是小学高年级的青少年的学习楷模，对青少年学习有重要影响作用。因此，工作坊的目标确定为：

第一，增强青少年及家长对毒品的认识，学会辨识 3 种毒品类型和 2 种高危场景，掌握 1 种拒毒技巧。

第二，家长认识积极教养孩子的 1 个方法。

第三，研究亲子教育对减少青少年涉毒的作用和影响。

2. 服务计划

服务运营周期为 1 年，整体分为宣传招募、沉浸式体验、知识课堂和效果评测四个板块。宣传招募包括统筹对各站点社工进行活动讲解培训和各站点社工招募亲子参与两个部分。宣传招募期可以灵活分散在项目运营周期内或集中安排在项目运营周期前半年。沉浸式体验和知识课堂作为工作坊主体板块，可以固定在同一地点开展或在不同的社工站点巡回开展。因有沉浸式体验服务，为确保体验效果，建议每次线下服务不超过 12 对亲子。本工作坊在 6 个社会工作站点各举办一次服务活动，一共招募 60 对亲子参与服务及调查。通过站点沉浸式体验服务课件 PPT、讲解及情景模拟，让家长及青少年学习禁毒知识，了解在高危场所中拒绝毒品的技巧，同时让家长学会教孩子辨别伪装的毒品，提升大家的抗毒意识。

（四）服务计划实施过程

工作坊以体验式学习的形式将摊位的体验及 PPT 课件讲解结合进行，让参加者先进行体验，带着体验中的感受及疑问收听禁毒知识的讲解，提升课程参与的兴趣及对所学知识的深刻印象。同步让家长和青少年增加对禁毒知识的了解，降低家长居家引导孩子学习禁毒知识、拒毒技巧的难度。

1. 前期阶段——宣传招募

社工在每场活动前招募亲子，并邀请他们进行前测问卷填写，了解亲子在未接受服务之前对毒品的认知情况和家长为孩子开展禁毒教育的情况。

2. 中期阶段——沉浸式体验

通过沉浸式禁毒体验服务，让家长及青少年了解毒品知识、高危场所及拒毒技巧。沉浸式体验的禁毒摊位包括"瘾起自救""戒毒 ICU""毒品连连看""慧眼识毒""毒品密室"5 个摊位。

"瘾起自救"的体验，参加者通过佩戴肌肉震动仪及幻视眼镜体验吸毒后身体的反应，并按家长指挥完成投球的任务，感受吸毒后正常进行活动的难处，同时通过亲子的配合可以让家长了解如何给孩子发出正确的指令，提高亲子沟通的有效性。

在"戒毒ICU"的摊位，通过抽取特制的验尿棒决定任务内容。如果抽到了阳性的验尿棒则进行知识问答，参加的亲子可以相互讨论以完成作答，以此增强亲子沟通。

在"毒品连连看"的摊位，参加者只需要将毒品的样品和毒品名称一一对应放好，这个体验一方面可以增加亲子互动，同时也可以观察到亲子对毒品知识的了解程度。

在"慧眼识毒"的摊位，参加者通过配对模拟毒品的模型及名字卡，认识毒品的基础知识，完成体验后，参加者可以选3张毒品介绍卡进行阅读。

"毒品密室"的体验中，社工会将吸食毒品的工具——如针筒、卡片等，模拟的毒品——如止咳水、模拟冰毒的冰糖、模拟海洛因的面粉等，还有混淆大家判断的日常用品在活动场室的角落提前藏好，参加的亲子要在3分钟内完成寻找，随后社工会让亲子就收集到的物件讨论并回答，哪些是吸毒常用的物品和模拟毒品，社工最后给予解释。

3. 中期阶段——知识课堂

通过课件讲解和情景小剧场，让家长明白青少年接触毒品的原因、高危场所和面对危险时青少年该如何应对。课件讲解的部分，社工除了介绍第一到第三代毒品的基本知识外，还重点介绍目前社会上青少年有可能经常接触到的由毒品伪装的零食和玩具。辅以视频的观看解说，让亲子了解毒贩的最新引导手法，包括如何以伪装零食、游戏卡片、邮票的形式引导青少年接触毒品，提升大家的危机意识并解答参加者在沉浸式体验中的疑问。

亲子情景小剧场的环节，由社工设定场景，让家长扮演毒贩，了解毒贩的动机及心理，让青少年一起用大家的智慧学习如何拒绝毒品。最后社工进行总结，同时展示调查数据，让家长明白青少年接触毒品的原因，以及家长如何给予开放及正确的引导。

4. 后期阶段——效果评测

活动后，让亲子家庭进行后测问卷的填写，了解活动后亲子对毒品知识的了解情况。通过调查，社工发现家长对毒品知识的认识有明显的提升。例如，其中一场活动的后测调查显示，原来只有 11 位家长表示觉得自己有足够的禁毒知识可以引导孩子，接受服务后，有 17 位家长觉得自己已学习到足够的禁毒知识可以引导自己的孩子。

（五）成效评估

通过观察和前后测问卷相结合的方式进行评估。结果显示，亲子教育对减少青少年涉毒具有重要作用。将服务研究与新颖的亲子禁毒教育的方式相结合，可以了解家长对孩子开展禁毒教育的情况。对比以往青少年单独参加的方式，在亲子共学的形式下，活动结束后，家长可以和孩子重温活动中学习到的禁毒知识，课余的时间可以引导孩子避免接触毒品。同时，通过亲子沉浸式体验可以增进亲子间互动及沟通的有效性。而在传统的个体学习中，青少年仅限在课堂上学习知识，无法实现亲子关系改善。

（六）专业反思

1. 高危人群的亲子家庭招募切入点要柔和

涉毒人员子女属于高危易感人群。案例中我们尝试招募涉毒人员子女，但因涉及毒品内容，涉毒人员会比较警惕，不愿意参与，因此在活动推荐上，可以选择从亲子活动的角度招募人员参加。在海报上，淡化毒品的描述。

2. 沉浸式体验需要因地制宜调整

工作坊所设计的沉浸式体验服务有个别环节对于场地要求比较高，可以适当调整体验环节的内容，因地制宜选择合适的体验环节。

3. 工作坊带领者对社工的培训是保障服务效果的关键

工作坊开始前需要主带社工与协助社工一起梳理流程并进行彩排。一是熟悉 PPT 课件的内容，特别是体验环节和引导家长思考如何教导自己的孩子了解毒品知识及危害并懂得如何辨别毒品环节。二是需要明晰如何向参与者解释毒品的知识和体验环节背后的理念。三是活动带领中，社工如何在情景模拟时引导好家长参与服务，减少他们在扮演角色时的紧张情绪。

4. 适时引导保障情景模拟的效果

服务的情景模拟环节，选择道具时需要选择密封的饮料，避免泼洒，社工需要陪同服务对象进行体验，虽然家长和青少年能提前准备，但模拟时双方难免会紧张，导致不会应对，即使有剧本，亲子也未必能演绎出来，需要社工在旁适时引导并重点提示，以确保情景模拟的效果。

二、普法宣教案例

案例3　培育青少年普法志愿服务队
——"少年警队文工团"项目

陆倩华　曾雯倩[①]

（一）案例背景

本项目是在不到 1 平方千米的面积、居住人口超 10 万的典型"城中村"开展的。目标群体是生活在其中的来穗青少年，父母大都从事布匹批发、制衣加工的工作。为解决孩子温饱与教育问题，不少家庭忙于生计，但也只能满足基本生活需求和学习需求。他们居住环境一般，楼下工坊，楼上居住，马路上人流车流密集，道路安全隐患多。父母对于家庭教育的意识较低，加上长期的缺乏管教，越来越多的青少年出现"打架斗殴、拉帮结派、孤立他人"等偏差行为。更有青少年出现被言语冒犯、被校园霸凌、被迫帮写作业等权益受损的现象。

因"城中村"生存空间狭小、社区基础设施落后、教育资源匮乏、父母忙于生计对孩子缺少管教等内外条件的限制，导致社区内来穗青少年的法治意识与自我保护意识较为薄弱，需要社工链接多方资源，与社区多部

---

① 陆倩华，助理社工师，广州市"优秀团员"，有 6 年多青少年实务经验。擅长青少年历奇辅导、生涯规划、志愿者服务与组织培育工作。曾雯倩，助理社工师，社会工作专业本科生，曾在启创社会工作青少年服务项目实习。

门打造共建共治共享网络，协助来穗青少年健康成长。

（二）预估分析

1. 摄取法律知识的途径单一

来穗青少年活动范围有限，基本是两点一线，唯一能够学习相关法律知识的渠道就是学校的法制教育课程。为此，需要通过社区获得更多途径和机会去学习相关的法律知识，提升自我保护意识。

2. 父母忙于工作，缺乏法制教育

因为父母忙于赚钱养家，无暇顾及来穗青少年的精神文化和亲子教育的需求，且父母本身文化程度普遍较低，对子女的教养方式简单粗暴，不能科学和及时跟进孩子全面发展的需求，因此来穗青少年缺乏正向教养的渠道，对法制、毒品和违法行为的认知不足，需要提高自我保护意识和识别毒品危害的意识。

3. 普法宣传的形式单一，缺乏创新性

本项目的开展地普法多由司法所和派出所两大部门开展，形式较为单一，多以派发宣传单、"普法大讲堂"的形式进行，宣传收效甚微。由于启创多年的服务沉淀，已拥有一支尤克里里表演队，每周都会集中学习歌曲弹唱，并定期进行表演，为后续成立"普法＋艺术＋警队"的特色队伍奠定了良好的群众基础。

（三）服务目标及计划

依据社会学习理论，通过学习榜样的力量，可以提高社区青少年内在道德感和社会责任感。针对来穗青少年受困于"城中村"学习资源缺乏、社区治安管理不良、父母管教缺失的状况，社会组织联动多方部门共同培育一支拥有模范榜样、能发挥意识引领作用的普法先锋队伍，以此来提升他们的法律意识与自我效能感。

1. 服务目标

培养来穗青少年的法治思想，提高青少年学生的自我保护意识与能力；掌握一种艺术表达技能，并能结合普法主题进行创造与演绎；创新普法宣传形式，形成社区普法宣传品牌。

2. 服务计划

找到合适的队员，成立"少年警队文工团"；培养并增强少年警队文工团的法治思想意识；以巡演的方式实现普法宣传。

（四）服务计划实施过程

本文从"成立队伍""培养队伍""用好队伍"三个方面来阐述培育青少年普法志愿服务队的三个阶段。

1. 成立队伍——找到合适的队员

（1）成立服务筹备组，制定选人标准。社工联动社区派出所、司法所、禁毒办、《信息时报》等部门和单位就服务的整体框架进行讨论，共同制订每一步推进计划，各部门分工合作，各司其职。社工负责整体服务的推进与执行，派出所负责提供资金与链接专业资源；司法所和禁毒办负责禁毒普法知识的培训与社区宣传；《信息时报》主要负责项目整体的报道与宣传。

（2）筹备组制定选人标准。"服从指挥""严于律己""积极向上"这三大标准是入选少年警队文工团的前提条件。为了找到合适的成员，社工通过走访学校、与尤克里里表演队的负责人进行沟通、发布海报及公众号等形式招募了19名符合条件的队员参与。为了能够提升队员对服务的参与度，社工对每位队员进行面试，最终确定入选名单。

（3）形成队伍的规范管理。队伍成立之初，由派出所副所长为少年警队文工团授旗，队员大声宣誓要成为一名优秀的少年警队队员。

2. 培养队伍——增强少年警队文工团的思想觉悟

每位队员经过了前期的面试考核后，还需要不断学习与提升自己的能力，以成为一名合格的"少年警队文工团"队员。社工在此过程中，围绕法律知识、艺术能力、心理素质三方面组织专业人员对队员开展培训。

（1）在法律知识方面，社工通过派出所联系区检察院、街道司法所以及禁毒办对队员进行不同专题的培训，告诫少年警队的队员们加强法律意识，学会自我克制、自我防范和自我保护。

（2）在艺术创作能力方面，社工通过机构内部的资源，联系公益音乐导师现场授课，并贴合项目的主题，开展普法宣传教育。导师和学生共同创作出"普法歌曲——防诈骗歌"，歌曲旋律轻快灵动，歌词朗朗上口，队员们艺术创作能力得到提升，课后回家还会定时练习并在微信群打卡，得到老师的更正和指导，学习效果良好。

（3）在心理素质提升方面，着重提升队员的自我效能感。社工安排了具备舞台表演经验的社工对队员的舞台表现进行指导，增强他们在社区舞台表演普法歌曲的信心以及宣传普法禁毒知识的能力。通过"角色扮演""实战彩排"，让队员能够有更多的机会提升沟通能力与宣传能力。

3. 用好队伍——"巡演+宣传"成为一道普法风景线

在此阶段，社工重点搭建"社工+少年警队文工团+公检法司"共同参与和联动的平台，在多个社区开展普法巡演和宣传。队员们身穿具有亮眼标识的警服，以"表演+互动"的方式向居民进行普法宣传。队员手握尤克里里，以"普法歌曲"热场，每一句歌词都蕴含着普法小知识，吸引前来围观的居民。随后，与警察配合，用专业的态度与社区居民互动，进行深度普法。

（五）成效评估

社工在培育"少年警队文工团"青少年普法志愿服务队时，为评估参加服务的来穗青少年的学习成果，分别采用了"结果评估"和"结构式访谈"的方法，针对学习法律知识环节则采用"前后测问卷"的形式进行评估。从问卷数据可以发现，在系统学习前，参加服务的来穗青少年法律问题的答案正确率偏低，经由专业人士的讲解后，答题平均正确率都有大幅提升，正确率均在95%以上，说明参加服务的来穗青少年的法治意识和自我保护意识明显提高。

1. 培养来穗青少年的法治思想，提高青少年学生的自我保护意识与能力

"少年警队文工团"青少年普法志愿服务队，从启动招募到社区巡演历经三个阶段，其间系统培育了19名队员，服务开展时长超200小时，为600名社区居民提供普法服务。在打造普法队伍的过程中，社工协同民警、检察官等专业人员，为来穗青少年重点普及宪法、民法典、"未保法"、

"预未法"等法律知识，提升该群体的自我保护意识及预防不良行为。

2. 掌握一种艺术表达技能，并能结合普法主题进行创造与演绎

在艺术表达能力上，社工通过观察与对比，发现队员从一开始不知道如何弹唱到最后能够整齐地演绎一首完整的普法歌曲，说明队伍已经掌握了该项技能。社工随机访谈三位长期坚持参加"少年警队文工团"的来穗青少年，从对话中能够看出他们认同这种新鲜有趣的形式，能够学习到很多法律知识，并期待未来还有同样的学习机会。

队员经过四节系统的学习，掌握了尤克里里弹奏的指法和音调。在一个月内坚持"课堂学习＋课后练习"，每位队员都可以独立弹奏普法歌曲，在社区巡演时获得了老师和社区居民的认可和喜爱。

3. 创新普法宣传形式，形成社区普法宣传品牌

"少年警队文工团"青少年普法志愿服务队有别于常见的普法宣传形式，在打造普法队伍时重视双向互动，突出实践体验环节。"少年警队文工团"倡导让来穗青少年从普法活动中收获成长性体验和挖掘发展潜力的机会，在开展社区宣传教育活动的过程中不断强化所掌握的相关法律观念，培养知法、守法的意识。在中后期，经过集中培训的队员利用尤克里里表演普法歌曲，潜移默化地影响身边同学或家人，将遵纪守法的意识内化于心。在结构式访谈评估中，队员们对于"少年警队文工团"的服务予以一致的肯定，希望能够持续开展社区普法教育服务。

4. 社会影响力

本项目获得了媒体多次报道，包含市级报道2篇、街道报道4篇，其中一场普法巡演游园会同时获得5个公众号的报道与转发。除此之外，服务还获得了资助方的肯定，期望能够继续深入打造该品牌，形成区级的品牌服务。

（六）专业反思

1. 普法教育连续性有待加强，设计服务时要注意持续性

由社工牵头打造的青少年普法志愿服务队，着力维护青少年权益，帮助来穗青少年树立法治意识，以预防青少年违法犯罪。但在队伍建设和服

务过程中，可能存在活动时间间隔过长、普法形式僵硬化等问题。为此，社工在建设队伍和策划教育内容时需要注意可持续性，青少年处于成长阶段，普法工作需要根据年龄采用不同的教育方式，让青少年接受连续性的法律培养才能更好地帮助其形成法律思维。

2. 服务知名度和影响力有待提高

项目服务期只有 3 个月的时间，周期较短，未能与服务社区内的小学建立合作关系，也导致在校内开展普法宣传工作受到限制。除此之外，受社区居民对社会工作服务认知不清，未能与学校达成官方的合作意向等限制，"少年警队文工团"队伍在社区中的知名度和影响力有待提高，未能及时发掘更多潜在的目标群体，造成活动参加者固化不流动，这不利于队伍的持续发展。在开展服务过程中，社工应注重"就地取材"，充分联动当地有关部门，挖掘当地资源，因地制宜开展服务。

3. 坚持多方联动的服务模式，注重各类资源的整合

"少年警队文工团"青少年普法志愿服务队要通过社会化运作，回应来穗青少年及其家庭的需求，以社区为服务平台、社会组织为服务载体、专业社会工作为服务手段，形成社区、社会组织及社会工作者的良性互动。重视家—校—社共育力量，社会学习理论让我们认识到个人的社会行为受到多方因素影响，家长和学校的积极有效参与将是影响普法教育家校共育成效的重要因素。帮助家长了解预防未成年人犯罪法律知识和具体方法，可以在增强自身法律意识的同时，能够为孩子树立榜样，从而影响未成年对法律的认识和理解，通过家—校—社多方位的合作，最大限度地发挥资源的作用，形成高效全面的青少年普法教育体系。

案例4　探索普法宣传新模式

——"防诈骗云普法"系列活动

黄华琼[①]

（一）案例背景

近年来，青少年已成为电信网络诈骗的高发群体，相比于日常生活中的风险而言，网络风险脱离学校和家庭的视线，往往更加隐蔽。电信受害人群也趋于年轻化，《2021年全国电信网络诈骗治理研究报告》显示，受害者20岁以下占18%，20～29岁占41%。2021年广州市H区F街道仅在第一季度，街道派出所接报非接触性诈骗警情101宗，分别是网络诈骗82宗、电话诈骗16宗、短信诈骗3宗。报案人中青年人占比68.32%。诈骗的黑手正悄悄向青少年靠近，甚至将部分青少年拽入犯罪的深渊。

（二）预估分析

目前，学校及社区的普法宣传活动形式以线下为主，如班会、讲座和摊位活动。形式比较单一，对青少年的吸引力有限，较难达到深度的青少年普法目标。现阶段的青少年普法，主体是"00后"甚至是"10后"。他们对事物的基本认识以及其人生观、价值观的形成，在很大程度上依赖于新媒体。在现实生活中，我们不难发现时下的青少年并不像成年人般热衷于传统的团队或者集体活动，却会积极参与，甚至主动组织微博同城、豆瓣社区以及各个论坛的线上线下活动。因此，将"互联网＋"模式运用于青少年法治宣传教育，能在一定程度上契合青少年人群的流动性与个性化需求，以此来提高普法教育的精准化。同时，结合服务辖区内的防诈骗现状及特点，从青少年受骗的现状出发，开展"云普法"宣传计划。通过

---

① 黄华琼，广州市启创社会工作服务中心项目副主任，中级社工师，广州市海珠区凤阳街道办事处和凤阳派出所防诈骗义务宣传队成员。在青少年普法服务上有多年的探索及实践。从事青少年社会工作7年，擅长运用个案管理手法，多系统介入影响个案服务对象，在校园欺凌类型个案辅导上有丰富经验。

"云普法"的宣传方式，重点围绕游戏诈骗、校园诈骗、交友诈骗、购物诈骗等常见的诈骗手法，深入拆解诈骗的套路，引导青少年正确掌握防诈骗技巧。也借此呼吁更多的人关注青少年遭受诈骗的问题，共同助力青少年反诈工作，从而倡议营造良好的防诈骗环境，提升青少年及社会大众的防诈意识、反诈能力，增强权益保护意识。

（三）服务目标及计划

1. 服务目标

依据社会学习理论，让活动参加者通过了解社工以及其他活动参加者分享的诈骗案例和防诈骗方法，习得防诈骗知识，有利于增强活动参加者的防诈骗意识，提高他们的防诈骗能力。

2. 服务计划

首先，培育及组建青少年"云普法"志愿者队伍，让青少年学习了解诈骗案例和防诈骗方法，习得防诈骗知识及应对技巧，增强防诈骗意识，提高防诈骗能力。其次，组织青少年完成"防诈骗云普法"诈骗背景调查及防诈骗知识宣传工作，带动参与者激发身边青少年对防诈骗话题的注意力和好奇心，扩大防诈骗宣传的关注面，形成以志愿者为圆心的辐射圈，将防诈骗知识惠及更多的人，营造良好的防诈骗环境，形成防诈骗知识传播的良性循环。（如图7-2所示）

图7-2 防诈骗知识传播循环圈

（四）服务计划实施过程

1. 组建"防诈骗云普法"志愿者核心队伍，提升服务可持续性

组建"防诈骗云普法"志愿者核心队伍，向青少年普及与之息息相关的防诈骗知识，提升其防诈骗意识，特别是重点了解新出现的诈骗手段。

为进一步提升服务的可持续性，联动派出所收集常见诈骗内容形式，增强社区支持。通过与派出所和平安促进会的沟通联系，获得他们的支持，为防诈骗工作提供每期最新宣传资料，累计拿到 4 种近 300 册宣传资料、1 套过往发生过的诈骗案例资料视频及青少年常见被诈骗的案例，为后续的防诈骗宣传提供了有力的支持。

2. 定期推出专题防诈骗活动，持续稳定地进行防诈骗知识的普及

紧跟时事热点、网络热点，持续针对发生在志愿者身边的真实案例，进行收集及汇总，及时开展相应的防诈骗专题活动。在"防诈骗云普法"系列活动倡导下，青少年在学习防诈骗知识后，将防诈骗知识分享给身边的伙伴、同学、亲人等，沉浸式地体验防诈骗知识宣传者、传播者的角色。通过这种模式，青少年既可以学习防诈骗知识，还能形成以志愿者为圆心的辐射圈，让防诈骗知识受到更多的社会大众关注，从而营造良好的防诈骗环境，而这个环境又可以去影响邻圈的其他人，形成防诈骗知识传播的良性循环。

3. 多元主体参与青少年防诈骗行动

推动不同主体参与防诈的社区治理。初步建立由平安促进会、个体律师、银行、志愿者等多元主体参与的联盟，其中，平安促进会负责在其线上平台推广防诈骗宣传专题，个体律师负责为受到诈骗侵害的青少年提供法律咨询，银行负责提供防诈骗相关的讲座等，志愿者则参与实际的普法行动。

（五）成效评估

1. 组建"防诈骗云普法"志愿者队伍，提升青少年对诈骗议题的关注

截至 2023 年 3 月，"防诈骗云普法"核心志愿者队伍有 260 位同学，核心志愿者队伍建立后，队员们共同参与活动的策划和执行。通过向青少年普及与之息息相关的防诈知识，队员们能够识别不同诈骗的类型和手法，提高了防诈骗意识和能力。围绕疫情、游戏、校园、网购和网聊等防诈骗主题累计开展 7 场青少年专题宣讲，累计覆盖 1000 多名青少年。在"云普法"活动反馈表中，86% 的青少年了解目前诈骗新手段，认为防诈

骗知识是必备的常识性知识；88% 的志愿者提高了防诈骗意识，掌握了防诈骗技巧，并愿意发动自身资源去规避诈骗。

2. 持续稳定进行防诈骗知识的普及，引导社会大众关注防诈骗

通过网络平台向社会大众普及防诈骗知识，提高反诈意识。同时，通过与"少年警队文工团"联动，共同创作一部防诈骗情景剧，进一步通过网络宣传平台，倡导更多的人关注防诈骗，提升青少年及社会大众法律意识和防诈反诈意识，增强其自身权益保护意识。共开展 7 次社会面的防诈骗宣传，累计覆盖 5385 人次。

3. 初步构建多元主体参与的防诈社区治理格局

初步构建了一个针对开展常态化教育，普及防诈知识及法律法规常识，培养青少年自我保护意识的联络平台。后续将继续增强多方的合作，形成固定的机制。

（六）专业反思

1. 打破传统形式，开创"云普法"平台

"云普法"平台是适应疫情防控特殊时期而作的新尝试。"防诈骗云普法"打破时间、空间的局限，拓宽服务对象来源渠道，扩大普法覆盖范围，让更多的人关注新型诈骗的现状，并能够参与防诈骗行动。"疫"起防诈骗"云普法"活动是"防诈骗云普法"系列活动的初尝试，线上活动的形式为青少年所喜爱，这在为青少年带去便利的同时，也提高了普法的成效，让防诈骗普法不再局限于单一班级、学校，而是通过网络进入更多人的视野，惠及更多人。

2. 精准发力，关注防诈骗议题

"普法"是宏观主题，在团委、街道和派出所的支持下，"防诈骗云普法"平台更加专注于防诈骗主题，并以专题作为单位，更具针对性。同时，"防诈骗云普法"在一些关键时点前收集、整理诈骗案例，以案促议。如开学前开展防范校园贷、网上兼职等防诈骗倡议活动，在诈骗高峰前敲响防诈警钟，提高青少年及社会大众对诈骗行为的关注，一定程度上对诈骗有很好的预防作用。

3. 维系志愿者，增强服务延续性

在"防诈骗云普法"服务中，志愿者作为核心力量，对防诈骗知识传播起到关键性的作用，一定程度上扩大了服务的覆盖面。因此，如何有效地保证志愿者的持续参与尤为重要，需要社工多加关注，在活动中提高志愿者的参与度、黏着度，让志愿者有归属感，与普法活动一同成长、一同进步。

三、生涯规划案例

案例5　"追梦青柠"生涯规划交流营

林　琳　刘玉珊[①]

（一）案例背景

近年来，流动人口数量持续增加，越来越多的青少年随着父母迁移到城市，流动青少年的总数也逐年增加，流动青少年的教育正在成为影响流动人口在城镇稳定生活的重要因素。

与本地青少年相比，流动青少年由于学习基础薄弱，难以融入学校环境，致使学习压力更大，迫切需要生涯规划教育帮助他们平衡学习与生活之间的关系；流动青少年可能由于家庭环境及自卑心态，更难以融入城市环境，无法获取城市公共资源。与同龄人相比，流动青少年较早就业，但他们正处于生理及心理发展阶段，心智尚不成熟，对自身和职业尚未形成正确的认识，难以订立职业目标及清晰个人规划，从而容易成为"问题青年"。由此可见，让流动青少年拥有"目标感"，能够激发他们的成长动力，促进个人正向成长。

①　林琳，广州市启创社会工作服务中心儿童及青少年服务部副主任，初级社工师。从事儿童青少年社会工作9年，在生涯规划、青春期教育、学校社工服务、流动儿童服务等方面有丰富经验。主要实务及研究方向：青少年社会工作、流动儿童社会工作、学校社会工作、生涯规划服务、历奇为本辅导服务等。刘玉珊，启创社会工作服务中心儿童及青少年服务总主任，政协广州市海珠区第十六届委员会委员，中级社工师。从事儿童青少年社会工作12年，在一线服务、项目运营管理、服务总结等方面有丰富的经验。主要实务及研究方向：青少年社会工作、学校社会工作、未成年人保护工作、生涯规划服务、抗逆力服务等。

（二）预估分析

在 2022 年 10 月，"事事有道"项目社工在海珠区 6 所民办学校开展了生涯规划需求调查。调查发现，在生涯规划认识层面，57.6% 的学生知道生涯规划，但不是很了解；15.3% 的学生不知道生涯规划；51.6% 的学生认为生涯规划有助于明确人生目标，激励学习进步；47.1% 的学生想规划但不清楚应该如何操作。可见，流动青少年普遍认为需要做生涯规划，但缺乏具体的操作指引，对生涯规划的认识不足。在目标及执行层面，50.5% 的学生计划继续升学但不知道能去什么学校；6.9% 的学生对于初中毕业完全没有想法；34.2% 的学生对自己的人生有初步想法但没有执行计划；8.4% 的学生对自己的人生规划完全没有想法；67.4% 的学生想要提升技能做好规划但没有明确计划；12.8% 的学生认为没有必要现阶段为做好规划而准备。

从调查结果来看，海珠区流动青少年的生涯规划需求有以下三方面：第一，流动青少年缺乏目标感，对升学、职业选择感到迷茫，不明确个人发展方向；第二，流动青少年普遍缺乏生涯规划管理及能力，认同需要做生涯规划，但缺乏具体的操作指引，对生涯规划能力掌握不足；第三，流动青少年的学习压力较大，家庭支持不足。因此，我们需要通过提升个人生涯规划与管理的能力、强化目标感、加深对外界认识、建立家长支持等方面，协助流动青少年明确个人规划，并获得自我发展的机会。同时，更重要的是引导他们体验目标的重要性，有方向地前进或成长。

（三）服务目标及计划

本项目综合运用生涯发展阶段理论和体验式学习法来设定目标及服务计划。以"生涯规划"为主题，通过体验式教学，让流动青少年在交流营中制定一个适宜的升学目标，明确自身发展方向，做好自身的规划。具体如下：

第一，强化流动青少年的目标感，提升生涯规划意识，并能够及时做好规划。

第二，提升流动青少年对自我的认识，认识自我的特质、兴趣爱好、特长等。

第三，提升流动青少年对外界的认识，包括对职业、对社会环境、对中考政策等的了解。

第四，引导流动青少年制定一个适宜的升学目标，并且能够结合个人实际情况及客观条件，设定一个可行的行动计划。

第五，引导流动青少年掌握制订适合的目标和计划、时间管理以及压力管理等技巧。

第六，提升流动青少年的抗逆力，激发积极态度，面对挑战能够勇于尝试。

（四）服务计划实施过程

1. 确立筛选标准，精准选取无目标感流动青少年

为了精准确定参与者，项目从自我认识、规划意识、生涯管理技能三个介入维度，以自评及面试的方式对报名的 52 名流动青少年现状进行评估，从而选取无目标感流动青少年。第一，让流动青少年从自我认识、规划意识、生涯管理技能三个维度进行自评，了解他们的现状。第二，从以上三个维度对流动青少年进行面试，了解他们的现状。项目对报名人员进行逐一面谈，了解他们的情况、态度、改变动机等。第三，结合流动青少年的自评表及面试表现，筛选出无目标感的流动青少年参与"追梦青柠"生涯规划交流营。

2. 构建支持网络，认识自我发展需要

在交流营的第一步，运用历奇为本的辅导手法，引导流动青少年相互认识，提升凝聚力，构建一个支持网络。鼓励流动青少年在交流营中相互学习、互相交流。在交流营中，运用"生命灵数"（毕达哥拉斯提出）的概念和解释，引导流动青少年进行自我性格的认识及优劣势的思考，意识到自身的特点，懂得扬长避短。结合生涯规划棋的形式，进一步引导流动青少年思考个人的职业特质，思考如何获得理想职业所需要的技能和品质。

3. 探索人生方向，思考自我成长目标

处于成长及探索中的青少年，仍处于建立和形成自我概念的阶段，需

101

要对自我及外界有充分的认识，才能更有利于个人成长发展。在交流营中，由职场人员担任导师，让流动青少年认识不同的职业，认识职业的环境、职业的内容以及职业的要求等，从中激发他们对于未来职业的期待，鼓励他们树立职业规划的意识；在交流营中，通过"揾食风云"桌面游戏，让流动青少年感受到社会环境、福利政策对于个人发展的影响。从而引导流动青少年意识到认识外部环境的重要性，了解与自身息息相关的影响因素、中考的政策等。通过"如果生命只剩下一小时"的生命体验，让流动青少年置身于情景中，思考人生的意义，引导他们对未来规划的思考，让流动青少年意识到"目标感"对个人发展的重要性。

4. 采用多种工具，掌握生涯管理技能

世界千变万化，在生涯规划的道路上，可能会因找不到方向而迷茫，可能会有挫折，而生涯规划技能则是应对挑战的重要"盔甲"。在交流营中，通过"小明的一天"活动，让流动青少年协助小明整理他众多的事项安排，引导他们掌握"四象限时间管理原则"、目标制定的 SMART 原则等。并协助流动青少年借由小明的经历，从中总结经验，规划自己的暑期安排；通过生命体验活动，让流动青少年从中感悟人生，作出个人人生规划。

5. 整合体验经验，明确自我成长目标

在交流营中，由职场人员作为人生导师，借由"真人图书馆"的形式，与流动青少年分享个人成长故事，进行面对面的交流，从而激发他们对于自我规划的思考，树立规划意识，有明确的目标。通过"世界咖啡屋"的形式，让流动青少年探讨生涯规划的意义与作用，对初中毕业后以及未来的憧憬。让流动青少年坚定做生涯规划以及实现目标的决心，从而提升他们的动力，让"目标感"发挥作用。同时，也鼓励流动青少年借此明确自身的发展方向，明确一个属于自己的目标。

6. 开展前后测，评估目标达成情况

为更好地测评无目标感流动青少年在"追梦青柠"生涯规划交流营中的变化，在规划意识、认识自我和发展、探索出路、生涯规划和管理四个维度上的成长状况，本项目利用前后检测（内容基本上一致）的形式掌握目标的达成情况。

（五）成效评估

1. 有针对性地为无目标感的流动青少年提供生涯规划服务

以"生涯规划"为主题，通过体验式教育的形式，引导无目标感的流动青少年通过深入认识自我、生涯规划技能学习、对未来的讨论和计划等，掌握生涯规划方面的技巧，从个人层面提升生涯规划的能力和信心。从而促使无目标感的流动青少年在交流营的活动过程中能够制定一个适宜的升学目标，明确自身发展方向，做好自身的规划。

2. 让无目标感的流动青少年亲自体验，激发规划意识

在交流营中，借用"搵食风云""理想型格棋中寻"等活动道具，让无目标的流动青少年在玩中学，认识自我、认识外界，了解社会环境对个人发展的影响；通过"小明的一天""人生 GPS"生涯规划营等体验环节，让无目标的流动青少年学习和掌握生涯规划相关的知识点，并且利用学习的技能做好个人的规划。更重要的是，让无目标的流动青少年意识到规划的重要性，在以后的人生中，规划好个人发展方向。

3. 发挥志愿者的作用

在交流营中，充分发挥在职志愿者导师的角色作用，通过与无目标的流动青少年分享职业相关的内容以及个人成长故事，用自身的经历为无目标的流动青少年带来正向的影响，引起他们的共鸣，引发对个人发展的思考，提升他们的生涯规划和管理的能力，陪伴和促进他们的成长。

（六）专业反思

1. 生涯规划教育，助力流动青少年发展

如果将生涯规划教育融入学校的德育中，开设生涯规划教育课程，关注流动青少年的生涯发展，应该会有更好的效果。通过真人分享的形式，以过来人的经历影响流动青少年，会起到榜样作用。

2. 体验式教育，融入创新性生涯规划服务

体验式学习模式中很重要的一点，即是创造"人在情境中"的氛围，要让参与者有一定的体验与探索。在生涯规划体验式教育的过程中，以体

验为核心，注重参与者的讨论分享及经验整合，因而取得了很好效果。

3. 服务延续性

想要"目标感"在流动青少年的成长过程中持续发挥作用的话，就需要联动家庭及学校，强化流动青少年持续学习的能力。建议将流动青少年生涯规划的教育融入学校的德育工作中，同时要加强家庭的引导功能，引导家长了解生涯规划的相关内容，转变观念。

案例 6 "职 FUN 未来"困境青少年就业支持小组

林　琳　梁夏子[①]

（一）案例背景

国家《中长期青年发展规划（2016—2025 年)》提出，青年就业创业是十大发展领域之一。规划指出要加强青年就业服务，实施青年就业见习计划，其中特别指出要开展青年重点群体职业培训，对就业困难青年提供就业援助，帮助长期失业青年就业。

困境青少年群体一直是社会大众的关注点，困境青少年包括困难青少年、散居孤儿、服刑人员未成年子女、闲散青少年、有不良行为或严重不良行为青少年（包含社区矫正青少年、涉毒青少年）。困难、散居孤儿、服刑人员未成年子女等因环境影响、自身困境等，社会资源贫乏，视野受到局限，对未来的发展缺乏方向和目标，影响就业，容易陷入代际效应之中。而闲散青少年、社矫青少年及有不良行为或严重不良行为的青少年等往往被外界打上"叛逆、反社会、暴力"等标签，受到社会的刻板印象影响，在就业及自身发展上受到限制。而上述困境青少年还可能因为自信心不足、规则意识薄弱、性格冲动等因素，难以适应职场环境。因此，16 岁以上即将就业的困境青少年的生涯规划能力亟须提升，另外他们也需要获

---

① 林琳，中级社工师，从事社会工作 12 年。2020 年全国"青马工程"社会组织班学员，擅长青少年服务、社区治理服务、项目管理。梁夏子，中级社工师，从事青少年事务社会工作逾 6 年。在青少年社矫、禁毒、心理健康及生涯规划服务方面有丰富的经验。

得一定的求职技能及改善职业态度，以提升就业能力。

（二）预估分析

根据前期服务情况可知，广州市海珠区辖区内困难的本地青少年、流动青少年及不良行为青少年等困境青少年约有 3000 人。社工曾开展困难、孤儿、服刑人员子女等困境青少年家庭的家访工作，有针对性地了解困境青少年的家庭基本情况、就读就业情况、个人发展需求等，以掌握困境青少年就业服务需求。根据青少年家庭的致贫原因可分析出，因父辈的个人能力、疾病致贫的占了 83.33%，这是家庭或个人都无法突破和改变的。因此，青少年将来的就业会是这个家庭脱贫和改善生活的最大希望，也是预防和解决代际困难传递的有效途径，也可以减轻社会保障的负担。而目前的社会救济政策中没有针对青少年的个人发展能力的内容，"职 FUN 未来"困境青少年就业支持小组，可以帮助青少年提升自我发展规划能力和就业能力，为将来就业做好准备。

（三）服务目标及计划

本小组综合运用生涯发展阶段理论来设定目标及服务计划。

第一，让服务对象了解自己的兴趣及能力，清晰自己关于就业的价值取向。

第二，让服务对象明白情绪管理、职场礼仪及时间管理的重要性，并掌握相关技巧。

第三，让服务对象更了解职场环境，愿意为踏入职场做好规划和准备。

（四）服务计划实施过程

1. 前期准备

在前期的准备中，社工主要进行了两个方面的工作：一是有针对性地招募有就业需求的困境青少年，并对参与者进行预估及需求评估；二是与企业志愿者沟通，为参与者制订符合他们需求的小组计划。

2. 小组初期

小组初期，社工通过游戏促进参与者相互认识，建立关系，也借此带出小组的目标及规范。在参与者初步相互认识后，社工利用他们感兴趣的手冲咖啡体验提升他们参与小组的兴趣，并通过兴趣岛、价值拍卖等互动游戏引导他们认识自我，思考自己的兴趣特长及求职时所看重的价值，从而初步明确自己的职业发展方向。参与者对此部分的内容投入度高，能主动分享自己的所思所想，参与者之间也会相互讨论，互相给予建议。在此阶段，参与者逐渐互相熟悉，建立关系，开始有小组领袖出现。

3. 小组中期

在小组中期，社工同样利用互动体验游戏展开活动。在参与者初步清晰自己的职业发展方向后，社工引导他们制定职业目标，但参与者普遍认为职业目标离自己比较遥远。社工引导参与者不一定要制定职业目标，可以制定有关自己的兴趣爱好的目标，他们还是认为难以完成，但大部分参与者能分享自己大致的人生目标。在此阶段，企业志愿者也开始加入小组，为参与者提供情绪管理的培训，参与者投入程度高，能在小组中分享引起自己负面情绪的事件及想法，学习调整负面情绪的技巧。

4. 小组后期

在小组的后期，部分参与者由于学校活动等原因请假，只有数名参与者坚持参加小组，但参与程度较高。在关于职场礼仪及时间管理的小组活动中，除了志愿者分享的注意事项及技巧外，参与者能互相分享自己的经验和技巧，总结出更符合他们自身实际情况的方法，互相给予支持。社工引导参与者反思参加整个小组以来的成长，大部分参与者称通过小组能明晰自己的职业发展方向，也更了解真实的职场环境，对未来发展有一定帮助。部分参与者对小组不舍，希望能继续参与后续系列活动。

（五）成效评估

通过小组的成效测评以及社工的观察，可知小组成员在就业准备方面有明显的进步。

1. 有清晰的自我认识

前后测问卷显示，80%的参与者能更清晰自己的兴趣爱好、能力优势及职业价值取向，更愿意规划未来的发展方向，基本达到舒伯的生涯发展阶段理论中"探索阶段"的任务目标，初步确定了职业选择范围，并且为之准备接受教育或者实践。

2. 掌握基本职场通用技巧，为就业做好准备

参与者基本上掌握了情绪管理、职场礼仪及时间管理的技巧，75%的参与者认为通过与志愿者导师的交流更了解了真实的职场环境，对于未来踏入社会有帮助。参与者能够在小组中提升自身的整体素质，学习从学生到准职业人、从学校场景到职业场景过渡。

（六）专业反思

1. 兴趣活动激发生涯规划动机

本小组通过兴趣体验活动激发参与者进行生涯规划的动机，利用互动游戏引导他们认识自己的职业兴趣及能力特长，反思自己在选择职业时的价值取向，让参与者对自己未来的发展方向有更清晰的认识，树立初步的目标。

2. 志愿者专业培训提升就业力

本小组邀请了企业人力资源部的员工担任志愿者导师，也有其他在职志愿者参与小组。通过志愿者的培训及分享，能够让参与者更了解真实的职场环境，明白在职场中情绪管理、时间管理及职场礼仪的重要性，学习并掌握相应的技巧，能够提升参与者的就业能力，对他们未来适应职场环境有积极意义。

3. 促进社会关注困境青少年就业

志愿者在参与服务后，都认为通过与参与者接触，可以认识到困境青少年的优势及特点，除了自己愿意继续参与困境青少年的就业支持服务外，也愿意发展更多的志愿者一起为困境青少年提供支持。而本次小组与企业的成功合作，也可以吸引更多的企业及热心志愿者加入，促进社会关注困境青少年的就业情况，共同给予支持。

四、心理健康案例

案例7　如果只剩一小时
——沉浸式生命体验服务项目

梁夏子[①]

(一) 案例背景

青少年自杀问题日益成为社会关注的焦点，自杀是导致青少年死亡的主要原因之一。麦锦城、丁元庆《广州市中学生自杀行为现状及其相关因素分析》的调查结果显示，中学生有自杀意念的报告率为16.9%，曾计划自杀的报告率为5.9%，曾试图自杀的报告率为3.0%，其中女生的自杀意念、自杀计划及自杀行为的报告率均明显高于男生。关于中学生自杀原因的分析结果显示，中学生的自杀行为与家庭结构、受欺负经历以及各种心理行为问题有关。在疫情稳定后的复学阶段，青少年及其家庭在经历疫情期间的巨大生活及心理压力后，学业压力、家庭矛盾、负面情绪、返校适应不良等问题集中爆发，青少年自杀事件频发。

这背后，反映了社会对青少年生命教育的缺失。培养青少年从科学理性的角度认识生命、感受生命继而尊重生命，树立珍视生命的价值观，是非常重要的。因此，在学校及社区层面开展青少年心理健康及生命教育服务，全面提升青少年的心理素质，及早发现、及早介入是预防青少年自杀行为的重要措施。

(二) 预估分析

青春期是青少年生理及心理健康成长的关键时期，往往也是青少年心理健康问题及家庭矛盾萌发的时期。处于青春期的青少年学业压力大，与家人、朋友发生摩擦的机会增多，如未能及时处理，容易衍生出心理健康

[①] 梁夏子，中级社工师。从事青少年事务社会工作逾6年，在青少年社矫、禁毒、心理健康及生涯规划服务方面有丰富的经验。

问题。而青少年缺乏社会经验，很少有机会去认识和思考生命与死亡的问题，未认识到生命对于我们的重要性，很可能一时冲动就做出自杀自残等极端行为，对个人、家庭、学校及社会都会造成严重的不良后果。因此，很有必要针对青少年开展生命教育，促使他们认识生命、理解生命及尊重生命，减少极端事件的发生。

（三）服务目标及计划

本项目综合运用体验式学习法来设定目标及服务计划，希望通过线上互动体验的形式，让青少年体验"死亡"前立遗嘱、告别等仪式，这种形式既能让青少年进行"死亡"体验，也能减缓这些体验对青少年的冲击，让他们在舒适的环境中接受和参与体验，从而认识生命和尊重生命。

（四）服务计划实施过程

1. 活动前期

社工在活动开始前两天根据报名名单逐一通知，邀请确认参加的青少年加入活动微信群，并提前在群里说明活动需要准备的东西及注意事项，填写前测问卷，群里的青少年都很配合，也表示很期待活动开始。

2. 活动过程

（1）营造轻松舒适的活动氛围。在活动开始后，参与者先到直播间签到。待参与者基本都进入后，社工说明活动开始，与参与者制定尊重、理解及保密的契约，也特意说明如参与者出现生理或心理上的不适时，可随时停止，并向协助的社工求助，以舒缓情绪，为参与者营造一个轻松、安全的环境，促使他们更容易投入活动，愿意分享自己的真实感受，相互理解，形成一个正向的支持系统。

（2）利用视频进行情景设定，逐步引入关于死亡的主题。社工播放活动背景视频，以参与者的日常生活为出发点，加强他们的代入感，将参与者引入"当你突然遭遇车祸身亡，上帝给你一小时的机会安排身后事，你会怎么做呢?"的情景设定当中，让参与者直观地了解活动背景及规则，指引他们有序地跟随社工进行接下来的各个环节。

（3）通过订立"遗嘱"发现自己在乎的人和事物。社工邀请参与者通过问卷星填写以真实遗嘱为蓝本的"遗嘱"，让他们对"财产"及"葬礼"做好安排。社工在每部分的问题中都会加以说明，引导参与者有更深刻的思考，如"财产"代表服务对象重视的东西，继承人则是他们所重视的人。参与者填写的物品多为积蓄，喜爱的东西如球鞋、乐高玩具等，继承人基本都是自己的父母、兄弟姐妹及好友。而"葬礼"的安排则是让参与者思考自己期望与亲友及这个世界告别的形式，从而加深对自身与生命关系的理解。参与者对于葬礼安排有不同的想法，但大部分都是希望由父母去执行及参与。过程中有参与者提出本次立"遗嘱"是否具有法律效力、如何执行等疑问，有参与者会主动回应。社工回应，这是根据真实遗嘱模板设计的，不具有法律效力，但希望大家可以如实填写。

（4）通过告别加深自己与他人关系的思考，巩固正向联结。社工说明当一个人在即将离开这个世界时，肯定有很多舍不得和来不及，但时间有限，只有一个告别的机会，指引参与者选择一个最舍不得的人进行告别。由于这些告别的内容可能涉及参与者内心深处不愿与人分享的想法及隐私，因此社工让参与者自行写下对想告别的人说的话，并折成爱心，加强仪式感之余，让参与者在折纸过程中有更深刻的思考。

（5）制作"墓志铭"，加深对自我生命历程的认识。社工通过引导语："当我们离开后，会希望为亲人、朋友和这个世界，留下什么样的自己呢？最后，我们选择一张最能代表自己的照片和一句话，制作属于自己的墓志铭，为人生留下一个纪念吧！"引导参与者回顾自己的一生，思考最能代表自己生命历程的照片及句子，指引参与者按照社工提供的模板制作属于自己的"墓志铭"，这代表参与者希望在最后为亲友及这个世界留下什么样的印象。

（6）呼吸训练。参与者在经历"死亡"及处理"身后事"的体验之后，情绪可能处于低落、沉重之中，社工分享专业的呼吸训练视频，带领参与者通过调整呼吸来逐渐平复心情，回归到现实环境当中。

（7）回顾总结。参与者进行呼吸训练后，社工邀请他们转移到微信群里进行讨论。由完成"墓志铭"制作的参与者轮流分享自己的作品。其中一位参与者小米分享说，自己所写下的话都是曾经跟进自己的社工说过的让其印象深刻的话，这些话让她变得更勇敢，能更好地和家人沟通，也更爱自己。社工感谢参与者们的分享。

3. 活动后期

多数参与者都不同程度地感受到其他参与者对生活的希望，表示很感谢这个活动让他们遇到同样尊敬、珍惜和热爱生命的小伙伴。对于在活动中投入程度不高的参与者，社工也通过私聊了解他们的想法。社工发现他们会因为风俗（认为提前立"遗嘱"不吉利），不想被别人知道自己的想法或没想好而没有填写"遗嘱"，但基本上会随着社工的讲解去进行思考，对本次活动的评价也很高，认为很有意义。

（五）成效评估

本次活动采用前后测、社工观察及参与者口头反馈来评估服务目标的达成情况及服务成效，超过60%的参与者填写了前后测问卷。

1. 青少年认识到自己生命中在乎和珍视的人和事

由于线上直播间的即时互动性较弱，且有回看功能，社工难以评估参与者是否持续完成了3个体验。本次活动有超过60%的服务对象填写了前后测问卷。问卷发现，其中有66%的服务对象认为通过活动发现自己有很在乎的东西，对未来有清晰的方向。而社工在活动后向未填写后测问卷的参与者了解了情况，他们也主动分享自己在活动中的收获，认为通过本次活动更了解了生命的意义，也更珍惜生命。

2. 青少年通过体验能明白生命的重要性

通过前后测问卷发现，83%的参与者认同生命是很重要的。据参与者的口头反馈，大部分参与者认为这次体验活动可以让他们认识到自己在生命中在乎和珍惜的事物，对人世间有很多的不舍，会更加珍惜生命。

（六）专业反思

1. 创新青少年生命教育服务形式

要了解生命的意义，死亡是必不可少的课题，但在我们的社会当中，人们总是闻"死"色变，青少年很少有机会去认识和理解生命与死亡的意义。社工通过设计订立"遗嘱"、写下"遗愿"、制作"墓志铭"等一系列的沉浸式体验，让青少年能从自身出发，认识自己重视的人和事物，思考自己生命的意义，从而深刻地认识到生命的重要性，更加珍惜和敬畏生命。

2. 增加"死亡"脱敏内容，丰富生命教育内涵

考虑到社会风俗对"死亡"的忌讳，社工在设计活动时一方面尽可能地按实际情况还原场景，让青少年有更真实的沉浸式体验，更好地代入其中；另一方面也注意活动物料的设计，尽量以中性的词语进行描述，通过轻松简单的体验方式减缓"死亡"对青少年的冲击，让青少年能在舒适的状态下进行体验和思考，以达到活动成效。社工可继续完善沉浸式生命体验服务程序，增加"死亡"脱敏的内容，打造系列生命教育服务。

案例8 做情绪的主人
——"五常法"在个案辅导中的运用

梁夏子[①]

（一）案例背景

服务对象阿昕，女，17岁，社工通过街道的困难家庭名单接触到服务对象。服务对象父亲早逝，母亲忙于工作，将服务对象及妹妹先后托付给姨妈一家照顾。服务对象与家人关系亲密，但觉得在妹妹来到姨妈家生活后，家人对自己的关心有所减少。服务对象性格开朗，阳光自信，在学校及社区都有很多好朋友，最近服务对象发现自己的好朋友常常在背后说自己的坏话，并逐渐远离自己，导致她认为身边的人最后都会离开自己。即使她明知道男友没有出轨，仍然无法控制地不断怀疑他，因而常常与男友吵架，也深深地陷入了担心男友离开自己的焦虑当中，甚至影响了日常生活。

---

① 梁夏子，中级社工师。从事青少年事务社会工作逾6年，在青少年社矫、禁毒、心理健康及生涯规划服务方面有丰富的经验。

（二）预估分析

1. 个人层面

父亲早逝、寄居姨妈家等早年经历让服务对象认为自己被"抛弃"，而服务对象年幼，难以理解客观事件及家人的选择，将这些情况归因于自己做得不够好，存在"身边的人最后都会离开自己""因为自己不好才会让身边的人抛弃自己"等不正确的想法，所以服务对象一直积极向上，表现得开朗乐观，希望与家人及朋友都维持良好的关系，不再被"抛弃"。

2. 家庭层面

服务对象父亲早逝，母亲因工作难以照顾两个孩子，将服务对象交给姨妈一家照顾，而妹妹则继续跟随母亲生活，后来妹妹也到姨妈家生活，分散了姨妈一家对服务对象的关爱及照顾，再次令服务对象认为自己做得不够好，不如妹妹。但服务对象与家人关系良好，家人能为其提供充足的支持。

3. 社区层面

服务对象开朗活泼，积极参与社团活动及志愿服务，努力做好自己，与身边的人都维持良好的关系。因此，当服务对象得知被好友"背叛"时，强化了其一直存在的不正确的想法，产生负面情绪和偏激行为，影响与男友的关系，形成恶性循环。但服务对象男友能包容服务对象，服务对象身边仍有其他关心和爱护她的朋友，能为其提供情绪支援，社会支持系统充足。

（三）服务目标及计划

本个案综合运用理性情绪治疗法来设定目标及服务计划。

社工服务要协助服务对象正确认识自我，树立理性信念，增强自信心，以积极的态度面对生活和学习，促进自我完善发展；协助服务对象缓解焦虑、担忧等负面情绪；协助服务对象表达自己的想法，改善与男友的关系。

（四）服务计划实施过程

1. 常留意身体反应

当我们情绪起伏不定时，身体会出现变化反应，如心跳加速、呼吸不顺畅、肌肉紧绷等。因此我们要常常留意自己的身体反应，当出现这些信号时，及时"按停"。

社工引导服务对象回忆，当自己情绪激动的时候，心里会像有一块大石头压着，呼吸也会不顺畅，社工建议服务对象多留意自己的身体情况，一出现这些反应，可以喝冷水、听音乐或者深呼吸进行放松。服务对象逐渐能及时发现自己的负面情绪，并进行适当缓解。

2. 常唤停负面思想

当身体预警信号响起时，代表我们可能正因为脑海中出现的负面思想而处于情绪起伏的状态，此时，必须提醒自己要立即停止所有的负面思想。

当服务对象看到男友玩手机的时候，就会无法控制地想象男友正在与其他女生聊天，甚至联想到男友会因为出轨而抛弃自己，即使知道事实并非如此，仍然会往负面的方向联想。社工建议服务对象想一些可以提醒自己的语句，在遇到这些情况时及时叫停自己的负面想法，并与服务对象一起练习。

3. 常自我反问

很多时候，负面情绪的产生缘于我们的思想陷阱，简单的自我反问，可以帮助我们纠正这些不合理的想法，多角度地去看待事件。

社工协助服务对象觉察到自己会有"所有人都会离开自己"的不合理信念，并利用苏格拉底式提问，协助服务对象对抗这个不合理信念。

问："发生了什么令你觉得所有人都会离开你？"——证据

答："好朋友原来一直在背后说我坏话，我都打算原谅她，但她反而疏远我。"

问："你只有她一个好朋友吗？还有没有人一直跟你很好的？"——例外

答："不是啊，还有其他朋友一直在我身边。"

问："那很好啊，这说明了什么？"——结论

答："不是所有人都会离开我，还是会有对我好的人。"

4. 常转移注意力

当我们停止了所有的不合理思维，并以其他角度反问自己后，为避免

继续专注在这些事情上无法自拔，我们可以采取一些正面行动将注意力分散或转移到另外一些不相关的事情上。

社工问询服务对象"做什么事的时候，焦虑的感觉会减轻"，协助她找到转移自己注意力的方式。现在服务对象会通过和朋友去唱 K、睡觉前敷面膜等方法防止自己继续过度关注男友与异性交往的情况。

5. 常备"金句卡"

日常生活中，我们可以找一些精致的卡片，写下你从任何地方得到的一些对自己有帮助的正面句子作为自己的人生金句。当我们受到情绪困扰时，可以利用这些鼓励卡来为自己加油打气。

服务对象平时喜欢看香港的影视剧，当听到社工的建议后，立刻说出了很多香港影视剧里的鼓励金句，心情也比第一次进行有关焦虑情绪的面谈时轻松得多。社工准备了一张精美的卡片，鼓励服务对象在上面写下自己印象最深刻的句子，时时提醒自己留意情绪，避免胡思乱想。

（五）成效评估

1. 个人层面

经过了上述"五常法"的练习后，服务对象逐渐掌握了调节负面情绪的方法，稳定住了自己的情绪。同时社工也借助"五常法"相关工具协助服务对象松动"身边的人都会离开自己""因为自己不好才会让身边的人抛弃自己"等不合理的想法，重新回顾自己的童年经历，开始接纳父亲早逝是客观事实，理解母亲的选择。服务对象减少怀疑和否定自己，正向地接纳自我，以积极的态度去面对生活和学习，促进自我完整发展。

2. 家庭层面

在服务对象理解和接纳了自己的家庭经历后，主动与家人沟通自己的想法，得到了家人的支持，家庭关系变得更加亲密和融洽。

3. 社区层面

在社工的鼓励下，服务对象积极地和男友沟通自己的想法，得到男友的理解和包容，身边还有朋友的开解与支持。现在服务对象与男友相处融洽，在学习、工作及志愿服务中都有亮眼的表现。

（六）专业反思

情绪管理"五常法"以 ABC 理论及理性情绪疗法为基础，分五步来对抗不合理的执念，缓解负面情绪，改善情绪及行为问题，不仅能协助使用者快速调节情绪，稳定情况，更能协助使用者正向地认识自我，从根本上调整不合理的执念，促进自我发展。

情绪管理"五常法"的 5 个步骤环环相扣，实用性强，可按步骤进行练习，也可按实际情况灵活运用。该工具可以让人快速调节负面情绪，并调整认知，促进自我发展，适合在个案辅导及日常生活中使用。由于情绪管理"五常法"需要使用者反复练习，因此适合改变动机较强的服务对象，社工如要在个案辅导中使用，注意必须先提升服务对象的改变动机，才能事半功倍。

第八章　临界预防介入

临界预防工作，是制止青少年偏差行为发生的有效途径，这是有针对性的预防工作，借助危机因子及保护因子进行筛查，识别高风险青少年，在重要节点予以介入。在临界预防工作中，我们特别针对困境青少年，疑似存在心理危机青少年或出现心理危机初期青少年，服刑、戒毒人员未成年子女，在校受过记过处分学生等群体，依据生态理论、危机介入模式理论、优势视角理论、认知行为理论、社会支持网络理论、生涯规划理论、正向青年发展理论、体验式学习法等理论，提供有针对性的干预服务，以减少青少年的危机因子，协助青少年逐步恢复正常的生活、学习和工作状态。

一、困境青少年案例

案例1　路漫漫，很艰辛
—— 助力低龄散居孤儿的隔代抚养个案

卢葆棋[①]

（一）案例背景

2013年，社工通过民政转介系统接触到 B 仔。当年 B 仔才 3 岁，父母在其出生一年内相继由于心脏病发及跳楼自杀而离世，B 仔自此与 80 岁高

---

① 卢葆棋，广州市启创社会工作服务中心服务主任，中级社工师。从事青少年事务社会工作 8 年，在性与性别、精神健康、预防违法犯罪、危机介入等主题的一线服务方面有丰富的经验。主要实务及研究方向：青少年社会工作、性与性别服务、精神健康服务、预防违法犯罪服务、危机介入服务。

117

龄的爷爷、奶奶相依为命。而 2017 年，B 仔的爷爷也在医院离世了。B 仔与奶奶均处于悲伤的状态中，且 B 仔正值幼升小，年迈的奶奶由于资讯的缺乏不能及时了解相关政策，无法协助 B 仔及时报名上学，这些工作都需要社工及时关注与跟进。

（二）预估分析

布朗芬布伦纳提出的个体发展模型认为，真实的自然环境是影响儿童青少年发展和心理变化的主要影响源，人的发展离不开与环境的相互作用。社工需要关注服务对象的微观系统、中间系统、外层系统和宏观系统这四个生态系统，协助他们获得社会保障和适切的教育，联动街道、邻里、企业、社会组织等对他们予以关怀。

当服务对象爷爷离世时，社工要及时对服务对象奶奶以及服务对象进行危机介入，协助他们链接资源处理爷爷的身后事，通过同理和聆听协助他们疏泄哀伤情绪，明白危机事件发生后的身心机制与应对方式，为他们进行创伤辅导，明白亲人已逝的意义并重新注入生活的希望。

（三）服务计划及实施过程

1. 处理焦虑，商榷照顾问题

"B 仔，你不好好听话，将来奶奶像爷爷一样离世了，你怎么办啊？""奶奶身体慢慢不如以前，如果有一日要进医院或老人院，都不知道 B 仔要怎么办了！""如果没有你们社工还有民政系统的关怀和支援，我都不知道怎么办！"

生命与照顾的议题，自 B 仔爸妈离世后，便一直缠绕在奶奶的心头。这些年，社工始终耐心倾听，引导 B 仔奶奶体察自己的焦虑与恐慌，看到生老病死的如常。同时，社工向其普及关于 B 仔后继监护人的相关政策，鼓励奶奶梳理出身边的亲属资源，与至亲商量 B 仔的后续照顾安排。而最重要的是，社工鼓励奶奶多联动并使用邻居资源，提升其风险管理的意识，如身体有突发不适，邻居能及时提供紧急协助。

渐渐地，B 仔的后继监护人问题得到商榷，邻居能帮忙接送 B 仔上下学。奶奶身体不适时，邻居能陪奶奶就医，为 B 仔提供短期照料。社工引导奶奶挖掘自己在延长生命上可以作出哪些努力，注重养生，定期与佛友相聚，高兴地看着她带着对生命的热切盼望愉快地生活下去。

2. 缓解离别恐惧，重塑对于孤儿身份的正向认知

"老师问我，我的父母呢？我告诉老师，他们都死了。"在 B 仔参加幼升小面试后，他与社工及奶奶分享面试题目。一旁的奶奶听到这个答案，泪如雨下。社工："B 仔你真棒！你是怎么知道爸妈离开的事的啊？"B 仔自豪又坚定地回应："以前爷爷奶奶一直告诉我爸妈去了很远的地方工作，但爷爷去世后，我便知道我的爸妈和爷爷一样的（已离世）！还有，我的亲人可讨人厌了，他们不断问奶奶什么时候送我去孤儿院！"

趁着这个机会，社工为 B 仔及奶奶做了更有针对性的创伤辅导。首先，社工引导 B 仔及奶奶认清亲人离世的事实，他们离世了，便永远都不会再回来了。教会 B 仔掌握正向宣泄悲伤情绪的方法。其次，社工向他们解释福利院的照顾政策，让 B 仔知道，其后续有亲属担当监护人，是不需要去福利院的。有了这颗定心丸后，社工引导奶奶表达对于 B 仔照顾的计划及决心。知道奶奶不会把其送至福利院并且会更努力照顾他后，B 仔当场点头并松了一口气，开心地表示会好好疼爱奶奶。最后，社工引导 B 仔和奶奶诉说对于亲人的不舍，对于未来生活的期望和目标。自此，B 仔与奶奶能更从容、更有安全感地生活了。

3. 链接资源，让散居孤儿的生活更有保障

B 仔成为孤儿后，便能顺利地获得低保保障，社工与相关工作人员逢年过节也会入户慰问。而考虑到 B 仔住处远离首选分派的小学，1 年前，社工多次奔走教育局了解政策后，协助 B 仔申请到就近的小学入读，更以低的价格为其申请到补习社的优质托管和课业辅导服务。B 仔的老师能及时保持与社工沟通，为 B 仔提供充足的学校生活支援。此外，社工更链接了启创的"一帮一"大学生课业支援服务，师范专业的大学生每周都会为 B 仔提供课外阅读、手工制作等课外支援陪伴。而考虑到 B 仔奶奶年龄较大的情况，社工也为 B 仔奶奶链接了社工站的长者服务资源，社工站能定期组织义工探访 B 仔奶奶并提供家居维修清洁等志愿服务。

（四）成效评估

1. 协助服务对象解决就读学校，监护人对服务对象的照顾更有信心

由于服务对象的居住地为非户籍地，服务对象监护人年龄大、身体差，不便远距离接送，所以，服务对象的读书问题一直紧紧地牵动着监护人的心。目前的就学登记全部都需要电子化操作，但年事已高的奶奶并不懂得操作，其尤为担心服务对象会被分配到户籍地的学校就读。但经过社工多番走访教育局，并协助服务对象与监护人完成网上报名手续，终于让服务对象在居住地附近的公立学校就读。此结果让奶奶安下心来，对未来的照料更有信心。

2. 协助服务对象建立对于孤儿身份的自我认同，提升其信念

社工通过创伤辅导让服务对象明白生命的真谛，让其知道自己有稳定照顾的后续监护人，他有了安全感，对于孤儿身份也有了自我认同，坚定了自己"有人爱，亦值得被爱"的信念。

（五）专业反思

社工从前同事手中接下本个案时一度因为个案家庭面临的各种棘手状况而感到前路迷茫。但社工没有气馁，积极联动各方，并对 B 仔与奶奶提供有力的支援与陪伴。在资源链接的过程中，社工积极与各方协作者沟通探索彼此的角色、功能与职责，让彼此均能在合理的分工中提供优势支持。社工的陪伴与链接资源是一个对服务对象赋权的过程，让他们明白自己是有能力且可运用资源的。社工也相信，曾经的陪伴，有助于服务对象在未来遇到困难时，更有战胜的力量。

案例 2　疫情下的适时关怀

——让辍学儿童不被家暴，更让负债累累的单亲爸爸首被聆听[①]

卢葆棋[②]

（一）案例背景

服务对象是一个 12 岁的男孩。社工初次见到他的时候是在广州新冠疫情刚暴发时，在一家暂停营业的饭店外。他父亲正在焦虑地浏览着手机，而他则不知所措地不时望望大街。经社工了解，服务对象的父亲曾在家乡从事了长达 8 年的教师工作，之后来到珠三角创业，这些年一直经历创业的起伏，在其经历首次创业失败之际，孩子半岁，前妻选择离开他们，自此他与孩子相依为命。之后，这位父亲尝试过多个行业的创业，很不容易积累起一点点资本，尝试经营饭店，却遇上不靠谱的合伙人，合伙人的离开让其陷入负债累累的境地，困难之下，他在 3 个月前中断了儿子在家乡的学业，把其接到身边帮助打理这家饭店。因户口不在本地，要就读民办学校，高昂的学费也让这位父亲却步。而疫情期间，零收入的他，面对高昂的租金和生活开销，每天都感到心急如焚，曾出现家暴儿子的情况。

（二）预估分析

1. 生理层面

服务对象自小便被母亲抛弃，与父亲相依为命，目前正值青春期，是快速长身体的时期，所需要的营养尤为多。但服务对象的父亲却因为经营不善负债累累，日常难以满足服务对象及自己的饮食需要。二人每天只能

---

① 卢葆棋. 疫情下的适时关怀：让辍学儿童不被家暴，更让负债累累的单亲爸爸首被聆听 [EB/OL]. http://www.gzsg.org/article/id/4972.html，2020 – 03 – 05.

② 卢葆棋，广州市启创社会工作服务中心服务主任，中级社工师。从事青少年事务社会工作 8 年，在性与性别、精神健康、预防违法犯罪、危机介入等主题的一线服务方面有丰富的经验。主要实务及研究方向：青少年社会工作、性与性别服务、精神健康服务、预防违法犯罪服务、危机介入服务。

简单进食两顿饭，勉强为生，服务对象的营养不足。且他们也缺乏资金购买防疫物资，生命健康受到疫情威胁。若服务对象的父亲资金周转困难，甚至二人的住房都会不保。

2. 心理层面

服务对象是一名热爱学习且成绩优秀的少年，因家庭困难导致中途辍学，让其深感遗憾，但能来到广州与父亲一起生活，获得父亲的关注和照料，又让其对父亲的依恋有所提升。父亲因欠债和缺乏基本的生活和防疫物资而产生焦虑情绪，会因为无法控制消极情绪而对服务对象进行家暴，这给服务对象带来了创伤，自尊感低下，认为自己不值得被爱，自己是一个累赘。此外，服务对象来到广州后一直在店里帮父亲营业，没有机会在社区中认识新朋友，未能发展社交并融入社区，对于社区的安全感不足。

3. 社会层面

服务对象一家来自湖南，非本地户籍，所以不能申请民政部门的救助。而疫情期间，餐馆不能营业为他们带来了直接的经济挑战，再加上服务对象父亲租用的店铺并非政府用地，房东也不愿意为他们减租，经济困难更加突出。但作为来穗青少年，很多企业还是乐意为他们提供关怀的。

（三）服务目标及计划

本个案综合运用优势视角和认知行为理论来设定目标及服务计划。

1. 个人层面

协助服务对象及其父亲发掘自身优势，提升自我认同感并寻找疫情下的出路；协助服务对象及其父亲掌握情绪管理及压力调适的方法。

2. 家庭层面

协助服务对象与父亲认识彼此现阶段的需要，为对方提供支持；促进服务对象的父亲明白家暴对于服务对象的影响，停止家暴并掌握正向管教的方法。

3. 社会层面

链接团市委与团区委、行业协会、爱心企业等资源，为服务对象家庭提供生活物品及防疫物资的紧急支援；链接资源，促进服务对象复学。

（四）服务计划实施过程

1. 迅速联动团委、行业协会和热心企业，为服务对象家庭提供紧急生活与防疫支援

社工自个案介入初期开始，便迅速联动市级和区级团委、行业协会和热心企业，为服务对象家庭提供紧急生活与防疫支援。先后向父子二人送上了防疫物资和基本生活物资，缓解他们的生活压力。

2. 肯定服务对象及其父亲的优势，助他们彼此理解，提升自信心

社工在跟进个案的进程中，及时发掘服务对象的优势，包括学习成绩优秀，来到广州后依然保持自学的习惯，在店里主动性很强，协助父亲为客人点菜、打包、清洁桌面等，更会在前台收款。这让服务对象重现自信的笑容，服务对象父亲也能赞赏并感谢服务对象的付出。社工同时回应这位单亲爸爸的艰辛及内心的期望，肯定他的优势，他有很强的社会交际能力，周边有能为其提供短期支援的朋友和同学，且他曾有经营生意成功赚钱的经验；在照料孩子上，也能突破社会对于父亲照料的期望，从小不离不弃地照顾服务对象。渐渐地他的脸上开始出现了自信的笑容。

3. 协助父子彼此觉察身心变化，掌握管理情绪的方法，停止家暴

社工引导服务对象父亲觉察自己每次向孩子施暴前的触发事件及相应的身心反应，与其梳理能避免对儿子施暴的成功方法，同时向其普及家暴为孩子带来的伤害及可能触及的法律后果。服务对象父亲表示打了孩子后很自责，也很难受。他知道当他想打孩子时，只要离开现场，让自己冷静下来，就不会对孩子动手了。他也表示和社工聊了后心情舒服了很多。社工鼓励这位爸爸之后继续运用此方法，感到烦恼时可以多找朋友聊聊，施暴前引导自己想起施暴对孩子的危害，有需要也可以及时找社工倾诉。同时，社工也引导服务对象回忆，父亲每次情绪崩溃前、施暴前都有着怎样的身心反应，服务对象表示情形与父亲叙述的一致，社工也跟他梳理了一些可应对的方式，如他在此情形下可以迅速协助父亲做一些力所能及的家务，也可以先迅速离开现场，去附近的店铺找熟悉的成人调解，把自己保护起来，待父亲冷静下来再沟通。

4. 明确现阶段的学习发展需要，梳理经济现状

社工引导服务对象父亲认识服务对象现阶段的学习发展需要，重新为服务对象提供课业支援，补习已经落下的六年级的课程，服务对象很高兴。服务对象的父亲现在已经负债累累且手头的周转资金已经耗尽，但其对于关店仍相当不舍甚至抱着侥幸心理，希望违规经营且找房东暴力沟通从而迫使房东减租。社工协助其理性分析内心的期望、结业的利弊、与房东暴力沟通可能承担的法律后果、后续服务对象就学与照料的安排等。最终，服务对象父亲经过再三思考，在社工的支持下，决定结束饭店的营业，变卖全部资产，偿还部分债务并把服务对象送回老家交给自己的亲姐姐照料，之后更重新安排了服务对象的复学。目前服务对象在老家得到了妥善的照料且父子二人每周都会保持愉快的通话。而服务对象父亲则在朋友的支持下，已前往江门打工，重新过上有稳定收入的生活。

（五）成效评估

1. 及时帮助服务对象及父亲缓解生活压力

社工为服务对象及其父亲先后三次赠送生活及防疫物资，其父亲表示这对于他们家庭而言实在是"雪中送炭"。而据社工评估，当这些物资到位后，他们会及时使用，且服务对象每天都能喝麦片和牛奶，增加了所需营养。

2. 协助服务对象父亲停止家暴并理性作出生计选择

社工的及时聆听为服务对象父亲提供了情绪支援，使其突破不当观念的束缚，不再自认为失败、无能，从而接纳自己。同时在社工的引导下，他能发掘自身的优势，重新肯定自我，增强了自信心和抗逆力，更能掌握情绪管理的方法，停止对服务对象家暴。在生计上，他能调整对于面子的非理性认知，理性面对当下的债务和资金耗竭的状况，及时停业止损并重新投入打工生活，让自己与服务对象的生活都有了保障。

3. 促进服务对象自我认同，促进父亲回应其学习需要

社工及时为服务对象提供关怀，让其在陌生的广州也能感受到温暖。社工也协助其挖掘自身优势，明白父亲是爱自己的，提升了自信心。社工在个案的整个进程中，一直促进服务对象父亲明白服务对象的学习需要，

也愿意为他们链接不同的资源，最终服务对象父亲把服务对象带回老家复学并获得家人的稳定照料。

（六）专业反思

1. 关注国家和地方的防疫形势，及时发掘服务对象的需求

突如其来的疫情影响了人们的基本流动与生活，同时也影响了经济的发展。面对疫情，国家迅速出台了一系列的防疫指引，社会组织则纷纷筹措资源为困难群众纾难解困。因此，社工需要保持宏观与微观相结合的视角，保持专业敏锐度，方能及时发掘服务对象的需求并链接资源为服务对象解困。

2. 保有性别平等的视角，助力男性缓解重负

社会建构论认为男性就该有一番事业，该追求成功，该负责家庭的经济开销，甚至男性无法接受失败，男儿有泪不轻弹。而本个案的服务对象父亲也一度有着上述的自我要求，因担心结束营业意味着失败，会被同乡和亲属瞧不起，所以一度难以接受让饭店结束营业的选项。但社工能保有性别平等的视角，充分同理服务对象父亲的现状，支持其对每个生活中的选项进行利弊分析，并以积极心理学的视角协助他为原本是"消极"的选择重新赋予积极的意义，让其舒适、安全地袒露自己的心声。

二、心理危机青少年案例

案例3　"家—校—社"多方联动与认知行为疗法相结合，助力精神障碍青少年重返社会

卢葆棋[①]

（一）案例背景

服务对象，男，学校转介求助时 14 岁，就读初二，因精神出现障碍，

① 卢葆棋，广州市启创社会工作服务中心服务主任，中级社工师。从事青少年事务社会工作 8 年，在性与性别、精神健康、预防违法犯罪、危机介入等主题的一线服务方面有丰富的经验。主要实务及研究方向：青少年社会工作、性与性别服务、精神健康服务、预防违法犯罪服务、危机介入服务。

上课期间无法自控地在课堂上徘徊行走并喃喃自语，还向班主任表达生活没有意义，想到教学楼顶层跳楼自杀等想法。校方与家长达成共识，服务对象向校方申请停学一个月，并进入医院精神科住院治疗，出院后在家休养，在校方的推荐下，服务对象家长向站点的社工求助。

服务对象自小与奶奶、父母一起居住，生活上主要由奶奶照料，与奶奶感情浓厚。服务对象小学的成绩在班里名列前茅，做司机的爸爸在其小学五年级的时候因肝癌离世。服务对象奶奶患有高血压与糖尿病等疾病，在其父亲离世的一年后也因病离世。至亲的离世给服务对象带来了沉重的打击，上初一后便出现情绪持续低落、对人群出现恐惧、拒绝社交，并在课堂上喃喃自语的抑郁症症状。在校方的推荐及家人的支持下，服务对象在初一的暑假被精神科医生确诊为患有抑郁症及阿斯伯格综合征。经过一段时间的服药后，服务对象出现自行断药的情况，欺骗母亲已服药，但实际则是把药物丢弃，导致病情恶化甚至有自杀念头和计划。服务对象的行为也为学校带来一定安全管理上的风险。从服务对象住院就医起，其母亲便辞职全身心照料服务对象，监督其准时服药，协助其提升服药依从性。

（二）预估分析

1. 身心发展需求

服务对象至亲相继离世及升学带来的环境转变是其抑郁症的激发事件。服务对象未曾接受过哀伤辅导，对于至亲的离世存在非理性的认知，而抑郁症亦导致其出现消极的想法及对学习与生活缺失兴趣、拒绝社交，无法获得朋辈支持及发展自我的动力，更一度自行断药，导致症状恶化，严重到影响生命的安全。

2. 家庭的需求

服务对象与母亲相依为命，其母亲目前辞职并全身心照料他，单靠每月约2000元的租金维持生计，家庭经济存在压力。而服务对象亦需要母亲监督按时按量服药及定期复诊，以让其精神状况得以稳定。另外，服务对象的疾病及特殊的照料需要也让其母亲感到焦虑和担忧，其母亲亦需要提升对于抑郁症及阿斯伯格综合征的了解，调整对服务对象的发展期望，为服务对象提供支持。

3. 在校学习的需求

服务对象患有精神障碍疾病，疾病恶化时会对自身安全乃至学校的安全管理造成风险，而其症状亦会影响他对于学习的投入及社交的表现，因此学校需要为服务对象建立个性化的支持和风险管控的机制，以保障服务对象及校内的安全，促进服务对象健康成长。

4. 在社区生活的需求

服务对象患有阿斯伯格症，但在智力上是有学习能力的，且具有优势的学习科目，服务对象有提升学习能力及社交能力、融入社区生活的需求。对于服务对象存在家庭经济压力的情况，可联动慈善方面的力量，为其家庭提供物质关爱。

（三）服务目标及计划

本个案综合运用认知行为理论和社会支持网络理论来设定目标及服务计划。

其一，协助服务对象理性地接受至亲的离世，提升其对于抑郁症的了解认知，确保服药依从性。

其二，引导服务对象发掘自身优势，发展个人兴趣，维持对于学习的动力并提升社交能力，重返社会。

其三，引导服务对象母亲提升对于抑郁症及阿斯伯格综合征的认知，调整对服务对象的期望，掌握预防自杀的知识。

其四，促进家校联动，为服务对象制定及建立个性化的支持和风险管控的机制，以保障服务对象及校内的安全，促进服务对象健康成长。

其五，协助服务对象申请慈善资源，让其家庭经济压力得到缓解，为服务对象安排"一帮一"社区义教服务，维持其学习的动力，发展其学习优势。

（四）服务计划实施过程

1. 协助服务对象理性地接受至亲的离世，提升服药依从性

在服务初期，社工评估服务对象对于奶奶的去世有非理性认知，把奶

奶去世的全部责任归咎于自己。社工运用认知行为疗法并结合哀伤辅导，协助服务对象调整非理性认知，认识到奶奶本身就患有慢性疾病，已接受漫长的药物治疗，且奶奶年事已高，身体功能退化也是相当正常的，而且奶奶才是自己身体的主人，对于自己健康的管理有自身的考量和选择。服务对象的非理性认知逐渐得到调整，愧疚感和自责感得以缓解。此外，他在社工的协助下也能真正地接受父亲与奶奶的离世，妈妈与自己一样是哀伤的，他们难过时是可以彼此诉说的，他更认识到母亲是最疼爱自己的人，母亲也会继续照料与陪伴自己。

而对于服务对象因抑郁症而产生的消极想法，包括认为人生无趣和没意义，社工则通过向其普及抑郁症的成因和症状、服药的好处等知识，协助其提升自我觉察，明白症状与疾病病理间的关系，接纳当下的自己并坚持继续服药，以期病情能得到控制。

2. 引导服务对象母亲提升对于病症的认知，调整对服务对象的期望

服务对象虽然出院后情况稳定，但曾出现过自杀的念头及计划，还是让其母亲感到担忧与恐慌。所以社工鼓励服务对象的母亲加强与主治医生的沟通，同时也向其母亲普及抑郁症及阿斯伯格综合征病理及如何为有自杀念头和计划的人提供支援的基础知识，协助服务对象妈妈理解服务对象的症状，及时辨别有自杀风险的信号，掌握应对与求助的方法。渐渐地，服务对象的妈妈能调整对服务对象的未来期望了。

3. 促进家校联动，建立个性化的支持和风险管控的机制

服务对象处于停学休养的状态，在得到精神科医生治疗后身心得以稳定。在服务对象表达有回校学习的意愿后，社工鼓励服务对象的妈妈及时与其班主任沟通，让校方理解服务对象的病症及目前的稳定状况。同时，社工肯定校方先前的做法，在服务对象病发或自身生命安全有风险时，能及时安抚，通知其妈妈前往学校接走服务对象，待服务对象定期复诊或在家休息至身心状态稳定后再复学。服务对象复学后，其妈妈也能积极与校方沟通，校方也安排并鼓励其进行适合自身情况的学习，包括根据其意愿完成作业，课堂上允许其睡觉，并当感到身心不适时，允许其离开教室，到学校社工站休息。

4. 协助服务对象申请慈善资源，缓解其家庭经济压力

在个案的跟进进程中，社工及时链接政府、行业协会、爱心企业等的关爱物资，让服务对象的家庭经济压力得以缓解。同时，社工也为服务对象安排了"一帮一"社区义教服务为其进行课业辅导，鼓励他坚持优势科目的学习。

5. 引导服务对象发掘自身优势，提升社交能力

在个案的跟进过程中，社工协助服务对象发掘自身优势，发展自己对于篮球、摇摇球等的兴趣，鼓励服务对象带上相关器材到社工站结识更多朋友，也带动社工站内的其他学生与其一起打篮球和交流摇摇球的玩法。服务对象的社交能力能得以提升，并逐渐能自主参加社区活动，结识更多同辈群体。

（五）成效评估

1. 服务对象与家长均能调整认知与期待

社工通过访谈及观察发现，经过认知行为疗法的介入，服务对象能理性认识奶奶的去世并重新建立对于生活的信心。而在医生及社工的协助下，他与妈妈均能对所患的抑郁症及阿斯伯格症有一定的认识，调整对于自身的发展期待，服务对象的妈妈更是成为全职主妇，确保服务对象的服药依从性。

2. "家—校—社"联动，支持服务对象并管控风险

社工以本个案为契机，与合作的学校共同建立了向患有精神障碍的学生提供个性化管理的机制。当学生病发或对自身生命安全产生风险时，校方能及时提供安抚，通知学生的家长前往学校接走学生，待其身心状态稳定后再复学。校方会鼓励这些学生根据自身情况选择合适的学习方式。同时，社工倡议校方联动精防部门的力量，当学生出现身心不稳定的状况并对校园安全造成威胁时，及时通知精防部门，精神科医生可以及时进校诊断学生的精神情况，更能及时安排公安部门维护学校安全。本机制的建立与运行，能大大地提升学校的风险管控能力。校方还为服务对象链接了升学的资源，目前服务对象能顺利升读职中。

3. 共织社会支持网络，协助精神障碍人士重返社会

对于患有精神障碍的群体，面对漫长的治疗及来自社会的标签，家人与校方及时调整对他们的期望是很重要的，来自社会的生活支援也是必不可少的，这些关爱能让他们的家庭经济压力得以缓解，获得对生活的希望。而社工及时鼓励他们发掘并发展自身兴趣，同时引导友好的同辈群体与他们交流，可以提升他们重新参与社交的信心，目前服务对象已经能自主地接触社区内陌生的同辈群体并建立友好的关系。

（六）专业反思

1. 依轻重缓急循序渐进地实施计划

社工能依据服务对象的身心及安全情况，根据轻重缓急的程度对服务计划进行优先次序的排序并循序渐进地跟进，使服务对象的社会功能得到稳定的恢复。

2. "家—校—社"联动提供系统支持

运用认知行为疗法及时稳定了服务对象的身心，促进其与母亲对精神障碍疾病的觉察及控制。然后通过家庭—学校—社区的联动，让校方建立了有针对性的应对机制，及时为服务对象提供个性化的支持从而让其顺利回归社会。

案例4　从认识你是个"混世大魔王"开始
——多动症青少年个案辅导

江丽颖[①]

（一）案例背景

H，男，12岁，随父母到广州上学的来穗青少年。和大多谋生在外的家庭一样，H曾是留守儿童，随着年纪慢慢增长，H似乎变得脾气暴躁、不讲道理。他和姐姐的矛盾不断升级，吵架打架是家常便饭。在学校也因

为人际关系紧张多次被投诉。父母因为担心 H 的情况，将 H 接到广州上学，方便贴身照顾，也帮 H 换个上学环境。但好景不长，来到新校园不到一学期，H 再次出现情绪易怒、经常与老师同学发生冲突，甚至追着校长打骂等明显行为偏差问题，最后被学校停课在家反省。在家里，他更是明确表达自己对父亲、对姐姐的憎恨之情，扬言"等我长大要打死他（父亲）"。

社工一接手该个案就与 H 的班主任联系面谈，班主任介绍，H 是个和同学发生争执时会在作文里写"要抽他的筋喝他的血"的问题学生，是个老师坦言会害怕的"混世魔王"。社工与 H 的相识，从此开始。

（二）预估分析

1. 家庭状况

服务对象过去是和姐姐、奶奶留守在老家，父母则在外谋生，疏于照顾，面对调皮好动的服务对象，家人尤其是父亲多以打骂为主，缺乏耐心引导。服务对象多次向社工表达自己"憎恨"父亲和姐姐，提起年幼时曾被父母摁进浴室水池的经历便痛哭不已。

2. 社交状况

家庭关系上，服务对象告诉社工，自己最讨厌的是父亲和姐姐，最不讨厌的是母亲。实际上的家庭关系也如服务对象所述，母亲和服务对象的相处模式相对平和，少有冲突。

校园关系上，师生关系恶劣，服务对象与同学、老师之间的矛盾冲突时有发生，很多时候都是因相互之间不小心有些肢体碰撞、服务对象小恶作剧不被理解、老师出面介入被服务对象认为是偏帮等琐事引起。

社区关系上，和大多来穗家庭的社区生活状态一样，服务对象家缺乏社区活动场所和社会支持网络，除了日常上学，服务对象较少外出活动，邻里之间各自关门闭户，少有联系。

3. 认知与行为状况

服务对象认为自己从小被家人打骂，因此现在自己长大了要以同样方式对待以前那些打自己的人，对家人持"仇视"和"报复"的态度。在不好的家庭榜样行为影响下，服务对象建立了暴力解决问题的错误认知，并在这样的认知下不断破坏周边正常的人际关系状态，也习惯性合理化自身行为。

（三）服务目标及计划

本个案综合运用人本主义综合型认知行为理论和优势视角来设定目标及服务计划。

目标1：引导父母正确认识与接纳多动症孩子，学习有效帮助孩子的方法

计划：一同学习多动症相关的知识，澄清误区；督促服务对象定时就医、按时服药，寻求专门的治疗/介入机构的帮助；协助父母释放压抑情绪，意识到这是个"长期战"，良好轻松的家庭氛围有助于服务对象问题改善。

目标2：协助服务对象重返校园

计划：链接"一帮一"补习资源，帮助服务对象保持学习状态以及基本的学业知识储备；鼓励服务对象多外出活动，适应朋辈群体生活；社校联动，及时反馈服务对象停学期间的表现及进步，促进对话。

目标3：帮助服务对象认识到发怒不是解决问题最有效的途径，要提升情绪管理能力

计划：同理服务对象在情绪当下的感受，促进情绪宣泄；理性分析情绪背后的需求，接纳自我；情景模拟，提升解决问题的能力。

（四）服务计划实施过程

1. 共同学习多动症相关知识，正确理解与接纳

因为经诊断服务对象患有多动症，所以社工将整理的多动症相关资料与服务对象父母分享，包括多动症的特征、出现率以及常见的适应问题等。服务对象父母表示平时通过网络途径对此有一定的了解。但父亲认为是自己从前粗暴的管教方式导致服务对象生病，因此十分内疚，现在对服务对象百依百顺，容忍服务对象对自己大吼大叫、摔东西等越轨行为，据此社工又补充了专家对多动症成因的讨论，认为可能是多种因素作用的结果，父亲不需要过于苛责自己，同时也肯定父亲对自我管教方式的反思。

2. 关注服务对象定期复诊和服药情况，协调最佳的治疗方案

社工记下服务对象复诊的时间和用药情况，保持对服务对象就医用药

适应状况的关心。最初的几次就医不太顺利，服务对象始终未能调整到最合适的用药分量，情绪易波动的问题迟迟未能改善，其中有一次用药过重，每天要睡十几个小时，食量也很大。经社工提醒，父母将嗜睡、暴饮暴食等情况反馈给医生，调整了用药量。社工与服务对象父母一起分析有助于服务对象病情稳定的因素，包括规律的作息时间、固定的陪伴、发生争执时及时介入避免问题恶化等。

为了给服务对象提供相对安全、稳定的环境条件，避免服务对象在学校再出现违反校规行为而被劝退，服务对象父母帮孩子申请了一学期休学，希望集中利用休学时间稳定病情。

3. 协助父母释放压抑情绪，促进良好轻松家庭氛围的营造

对于过去粗暴的管教行为，服务对象父亲深感内疚和自责，开始容许服务对象对自己大声呵斥甚至拳脚相向。社工不认同以打骂为主的家庭管教方式，也多次和服务对象父亲澄清多动症的病因形成尚未有确切的说法，不一定存在必然的直接联系，不需要过度自责，当下最重要的是坦诚表达歉意和过好之后的生活。服务对象母亲则表示，自从服务对象确诊后，服务对象父亲便终日忧心忡忡，忽略了家里的其他成员和家庭生活。社工认同服务对象母亲的想法，鼓励服务对象父母，越是这样的时候越要相互鼓励和扶持，通过引导服务对象父母互说心里话、邀请服务对象家庭成员参与亲子活动等方式协助服务对象父母放松心情，缓解家庭成员之间的紧张关系。

4. 社校联动，协助服务对象为重返校园做准备

学校对于服务对象患有多动症的情况并不知情，但是服务对象家庭坚持不对学校告以实情，以致家庭与学校之间存在误会与不理解。基于对服务对象家庭自决的尊重以及已经办理休学的现状，社工未再要求家长或者自行告知学校关于服务对象患有多动症一事，也希望服务对象可以在休学期间病情有所改善，社工同步在服务对象家庭与学校之间积极协调，及时反馈服务对象的进步，促进对话。除了与学校保持联络以及时沟通服务对象的变化外，社工也通过链接"一帮一"补习资源及社交活动平台，帮助服务对象保持学习状态及朋辈群体生活，为重新适应校园生活做准备。

5. 及时肯定，促进正强化

受家庭管教方式以及多动症病情的影响，服务对象想要有好的改变需要作很多的努力，社工及时肯定服务对象的付出和闪光点，强化服务对象的正向改变及信心。临近开学，服务对象主动找社工聊天，表达有点担心学习跟不上。社工鼓励服务对象，他本身成绩不错，而且一直坚持补习，补习老师也表扬他，不要太担心。复学初期，服务对象在校园偶然会与人发生冲突，但都只是语言上的争执。社工一如既往鼓励服务对象接纳不一样心情的自己，不需要过于自责。同时关心服务对象校园适应情况，引导服务对象更多关注在学校有趣好玩的正向事件，鼓励服务对象更多正向情绪的表达，提升信心。

（五）成效评估

1. 个案信任关系建立，为服务对象提供情绪宣泄的平台

在个案跟进过程中，社工一直关心服务对象的生活和学习，即使服务对象不愿意讲述发生了什么，社工也会站在服务对象的角度思考当时的感受，可能需要怎样的帮助，肯定服务对象在其中的努力。随着接触增多，服务对象不再对社工做抽搐、瞪眼等动作，离开站点时会对社工挥手说再见，服务对象逐渐与社工建立了信任的关系。

2. 共同学习多动症知识，促进家庭成员之间相互理解与接纳

服务对象父亲通过对多动症知识的学习，过往对多动症的一些偏见和标签逐渐放下，开始理解多动症病情需要长期介入和康复，理性反思过往不当的家庭管教方式，带孩子定期到专业医院科室复诊及遵医嘱服药。

在家人坚持不懈的关心和社工的耐心引导下，服务对象不再对家人使用"讨厌""要打死他们"的字眼，尤其和姐姐的关系从"最讨厌"变成"最喜欢"，也逐渐显现出对父亲的依赖，家庭关系的改善有助于为服务对象正向改变营造和谐稳定的家庭氛围。

3. 链接资源，协助服务对象顺利重返校园

链接"一对一"学业辅导、社区活动等资源，帮助服务对象即使在离校期间也能够保持学习状态以及基本的学业知识储备。临近开学，社工提醒

服务对象需要调整作息习惯以适应上学的节奏，做好开学前的心理准备。

4. 目前校园关系改善情况良好，情绪管理能力提升

服务对象顺利复学后，其间偶有波澜但总体在往好的方向发展。服务对象在家及在校的行为表现都有较大改善，能与同学、老师有所互动，服务对象的校园关系有所改善，在家吃饭睡觉也不再随意发脾气，情绪管理能力明显提升。服务对象与社工也能以平静的态度相处。

（六）专业反思

认识服务对象从"混世大魔王"的标签开始，以致在一开始，社工也会有些担心和不安。督导不断肯定社工在其中的付出和坚持，安抚社工的焦虑情绪，提醒保持不批判的中立价值观。因此在个案跟进过程中，与其说是"社工帮助服务对象"，不如说是"互相成长"，社工在其中也有很多的思考和体悟。即使看上去很具破坏性的服务对象，内心深处仍希望得到理解与认可，具备一股力量可以去成长去改变，正如优势视角所强调的核心理念：相信人们天生具有一种能力，即通过利用他们自身的自然资源来改变自身的能力。

三、服刑、戒毒人员未成年子女案例

案例5 我可以用力拥抱自己
——服刑人员子女个案辅导

何玉仪[①]

（一）案例背景

小豪（化名），15岁，男，外来务工人员子女，就读于辖区内一所民办中学，服务对象在学校表现个性张扬，性格外向，爱与老师"唱反调"，

---

① 何玉仪，曾为广州市启创社会工作服务中心青少年服务一线社工，助理社工师。从事青少年事务社会工作5年，在一线服务方面有丰富的经验。主要实务及擅长方向：青少年社会工作、社区青少年服务、生涯规划服务。

挑战班级、学校规定，让老师很头疼。服务对象读初一的时候遭遇高年级同学欺凌，被打和勒索钱财等。初二开始服务对象出现欺负初一及身边弱小同学的现象。在社区，服务对象积极参与社工站服务，通过观察，服务对象觉得自己一看到喜欢的女生就会马上表白，直到表白成功为止。

2008年的春天，服务对象母亲因为煤气中毒而离开人世，一段时间里服务对象陷入自责与否定之中，沉浸在噩梦中不能自拔。服务对象寄居在伯父家，父亲2019年因为聚众斗殴被捕入狱，2020年初才刑满释放，目前服务对象的生活花销由父亲的积蓄维持。

（二）预估分析

学校方面，服务对象在校纪律情况也让学校老师担忧，他经常挑战学校及老师的底线，违反课堂纪律，用自己的独特行为，让老师与学生关注自己，表现出自己是有独特见解的人。

家庭方面，服务对象在父亲没有出狱期间寄居伯父家，靠着父亲的存款维持生活。在与服务对象沟通的过程中，服务对象表明自己与伯父沟通少，觉得伯父不了解自己。而且自己常常做噩梦，走不出失去母亲的阴影。

社交方面，服务对象会执着于结交异性，只要遇到自己喜欢的人就会去表白，结果却不尽如人意，但是仍然会坚持去向自己喜欢的女生表白。在与服务对象沟通的过程中社工发现服务对象更加想找一个"女性"照顾自己。

社会支持方面，服务对象目前在伯父家生活，在校朋友不多，受到欺凌，老师对服务对象的印象不好，因此服务对象的社会支持网络较差。

（三）服务目标及计划

本个案综合运用认知行为理论和生涯规划理论来设定目标及服务计划。

目标1：减少服务对象被欺凌与欺凌他人的机会

计划：与服务对象探讨自身的行为与习惯是否让自己陷于被欺凌之中，提升服务对象对被欺凌及欺凌的认识；与服务对象探讨如何避免被欺凌及被欺凌后的处理方法，总结人际交往方式。

目标2：帮助服务对象认识丧失亲人后容易出现的情绪或状态，使服务对象走出丧失母亲的痛苦

计划：倾听服务对象对于丧亲事件的心理独白，让服务对象抒发内心的负面情绪；通过推荐服务对象参与丰富的正向的社区活动，分散服务对象的注意力。

目标3：提升服务对象外部支持网络及自我效能感

计划：与服务对象探讨亲密关系，让服务对象正确认识亲密关系，提升维持关系的能力；推荐正向的社交活动，让服务对象发掘自己的亮点，增强自我效能感；在正向的活动中建立新的社交系统，提升服务对象的外部支持。让服务对象得到关注，从而减少服务对象因为期望关注而出现的不良行为。

目标4：在服务对象父亲服刑期间关注服务对象的照顾情况，为服务对象及家庭提供一定的资源支持

计划：定期或不定期的节日探访，提供一定的物资帮助。

（四）服务计划实施过程

第一阶段：评估当前服务对象的生活照料情况，确保物资需求能够满足。

服务对象在父亲服刑期间暂住伯父家里，个人的学杂费及生活费主要来自父亲的积蓄。

社工通过家访了解到伯父家对服务对象照顾有加，并且服务对象与堂哥的关系比较紧密，但是服务对象极少与伯父沟通。社工通过家庭探访，增加与伯父家的联系，通过伯父了解到：服务对象顾家，在家不仅会帮忙做家务，还会照顾自己的小堂弟。综合评估服务对象能够在伯父家有相对稳定的家庭生活，对于服务对象来说这是个不错的临时避风港。

第二阶段：正确认识校园欺凌，探讨亲密关系。

这一阶段，社工主要与服务对象探讨校园欺凌中的欺凌者与被欺凌者的不同表现。在面谈中，社工发现服务对象读初一时受到过校园欺凌，他不懂得如何保护自己，社工引导服务对象了解如何保护自己及扩大自己的

朋辈支持网络，减少与不良青少年的接触，从而间接减少服务对象被欺凌的情况发生。

同时，由于服务对象丧失母亲后出现渴望被照顾的心理，服务对象期望有人对自己加以关注及照顾。社工的介入重点是让服务对象了解亲密关系的发展及不同阶段自己与对方的心理变化，两个人应该共同发展，彼此接纳，与对方一起面对未来的发展。而不是单一地渴望得到另一方的照顾及陪伴，与异性的交往更多的是讲求互相的支持及鼓励。

第三阶段：哀伤辅导——悲伤情绪的释放

服务对象目睹母亲离开自己，这对服务对象来说是一个巨大的创伤，导致服务对象夜晚会梦到母亲当时离开的场景，使服务对象的生活被悲伤笼罩。加上现在父亲仍在监狱里，服务对象自述自己真的很孤单，没人能陪自己时很痛苦。社工通过陪伴服务对象，让服务对象哭泣诉说抒发自己藏在内心积蓄已久的悲伤情绪。然后通过写信的方式，让服务对象将自己想对妈妈说的话写出来，放在盒子里，投向河里并郑重说出那句"再见"，与母亲正式道别。

第四阶段：增加外部支持，认识自我，获取前进的力量

服务对象一直有个做明星的梦想。对此，社工积极推荐相关活动让服务对象参与，让服务对象在社工站的活动中上台表演，展示给大家一个快乐动感的自己。在"防犯剧场"活动中，服务对象担任男主角，为剧场带来新的血液，更在参与演出的过程发现了自己表演中的闪光点，之后陆续在抖音等直播平台开始了自己的直播道路。服务对象一直有打篮球的特长，在学校体育节中他帮助班级争得了年级篮球项目第一名，班级老师与同学们对其刮目相看，班级的认同感及凝聚感逐渐建立。

（五）成效评估

通过社工定期的观察及对服务对象自身及校方的访谈，发现服务对象在认知和行为方式上均有所改变。

1. 服务对象被欺凌与欺凌行为有所减少

服务对象曾受到强势同辈的欺凌，社工与服务对象一起探讨自我保护

的方法，提供面对高危情境的方法。服务对象表示自己很认同，要反思自身行为，减少自身行为给对方带来误会。通过综合评估，服务对象的被欺凌与欺凌行为有所减少。

2. 服务对象逐步走出丧失母亲的痛苦，重新找到自己新的生活方向

服务对象母亲离世事件让服务对象承受了不少负面的情绪，有自责，也有否定。社工通过陪同服务对象，倾听服务对象的心声，陪同服务对象与母亲做道别，协助服务对象抒发了大量的负面情绪。通过推荐活动让服务对象丰富日常生活，在活动中找到朋友，找到自己的潜能及闪光点。服务对象表示现在更加明确自己的生涯规划及梦想，重新发现了自己的生活方向。

3. 服务对象的外部支持网络及自我效能感得到有效提升

服务对象接连遭遇丧母、父亲入狱，他渴望被关注与被照顾，因此他不停地向自己喜欢的女生表白，希望有人可以如家人般照顾自己。对此，社工与服务对象探讨亲密关系，让其学习如何与他人、异性交往，找到自己新的朋辈圈子，减少了追求异性时的非理性行为。服务对象在不同活动中的表现得到了大家的肯定，让其找到了更多的自信。学校德育主任反馈，服务对象在校内课堂上的高调行为也有所改善，能够主动参与学校班级活动，争取优异的成绩，学校归属感有所提升，服务对象的支持网络有所增强。

（六）专业反思

每个服刑人员子女都有着不同的经历，当能够给予他/她支持的人一个个离他而去时，他/她就有可能产生叛逆的行为。通过社工的鼓励和支持，能让服务对象身边的支持系统逐渐牢固，自身调节能力及效能感得以提升。在服刑人员子女的个案服务中，首先，要保障青少年的家庭照顾，这也是每个青少年应有的权利。其次，父母不在的时候难免孤独，丰富多彩的成长活动、朋辈的支持、学校的鼓励就能给服刑人员子女无限的动力。

案例6　重拾理想之回到校园
——涉毒家庭失学青少年服务个案

鲍庆澜[1]

（一）案例背景

小郭（化名），男，16 岁，广州本地人。服务对象 2019 年在广州某职校就读电子商务专业，后来因患肺结核而休学。服务对象恢复健康后，学校以服务对象休学时已经办理退学为由，拒绝服务对象复学，导致服务对象失学 3 个月。而服务对象母亲为涉毒人员，目前失业在家，家庭经济只依靠父亲及外婆援助。服务对象母亲希望社工尽快协助服务对象重回校园。

（二）预估分析

1. 个人层面

服务对象文化程度为初中，2019 年升读职业高中，但对原学校的专业并不感兴趣，因此服务对象在原学校复学动机较弱。

2. 家庭层面

服务对象与父母感情疏离，与外婆的关系较为亲密，而服务对象母亲较习惯使用指责及控制的口吻与服务对象进行沟通，因此服务对象在重新选择学校专业方向时，面对强势的母亲无法表达自己的真正需求，也降低了服务对象的复学动机。

3. 朋辈层面

服务对象与原学校的同学关系一般，主要的朋辈圈子则是在拳馆的师兄，师兄们大多已经外出社会工作，在服务对象重新选择学校及专业时，

---

[1]　鲍庆澜，曾任广州市启创社会工作服务中心站长，助理社工师。从事社会工作服务逾 6 年，提供一线服务超过 150 场，提供的咨询及个案辅导超过 80 人，服务青少年逾 10000 人次，在青少年社会工作领域，尤其是家庭亲子沟通服务、学校社会工作、边缘青少年服务等方面有着丰富的理论与实务经验。

师兄们会为服务对象提供参考建议，因此朋辈友人会对服务对象产生较为正向的影响。

4. 涉毒层面

服务对象母亲为涉毒人员，由禁毒社工进行个案跟进中。服务对象母亲有较长的吸毒史，目前处于社区康复阶段，虽然服务对象母亲有长期毒瘾，但一般会避免在服务对象面前发作，而服务对象目前也没有吸毒的倾向，暂未发现家庭涉毒因素对服务对象的负面影响。

（三）服务目标及计划

本个案综合运用认知行为理论和生涯规划理论来设定目标及服务计划。

1. 服务目标

帮助服务对象进行职业生涯规划，确定就学目标，从中提升就学动力，最终顺利复学；帮助服务对象母亲明晰服务对象现阶段的就学需求，与服务对象进行良性亲子沟通，协助服务对象顺利复学；引导服务对象较好地适应新学校的环境（人际、学业、生活），从而降低再次失学的概率。

2. 服务策略（包裹式服务跟进）

（1）社工使用生涯规划服务方法协助服务对象清晰就学目标，增强服务对象就学动力，提升服务对象顺利复学的概率。

（2）社工通过认知行为疗法协助服务对象母亲进行亲子沟通认知重建，让服务对象母亲明晰服务对象现阶段的就学需求，并且改善与服务对象的亲子沟通模式，增强服务对象家庭保护因子。

（3）社工鼓励服务对象咨询有就业经历的朋辈，从中了解目前就业环境，选择符合自身及社会环境的专业，从而推动服务对象复学事宜的进展。

（4）社工与禁毒专干合力跟进，改善服务对象的家庭关系，促使服务对象母亲支持服务对象的就学决定，最终增强服务对象家庭的正向保护因子。

（四）服务计划实施过程

1. 个人服务

社工通过制作人生设计卡的方式协助服务对象清晰求学目标（西餐专业），从而提升服务对象的复学动机。然后社工逐步指导服务对象处理复学事宜，如协助服务对象上网了解新学校及西餐专业情况，让服务对象在一个月内确定新学校（某烹饪学校）及相对应的校内专业（西餐专业），同时社工鼓励服务对象进行新学校的实地考察，最终让服务对象顺利报读心仪学校及专业。

2. 家庭服务

社工通过认知行为疗法协助服务对象母亲进行亲子沟通认知重建，从中让服务对象母亲明晰服务对象现阶段的就学需求，并改善与服务对象的亲子沟通模式，增强服务对象家庭保护因子，最终推动服务对象母亲支持服务对象的就学决定，促使服务对象顺利复学。

3. 朋辈关系

社工鼓励服务对象与拳馆的师兄进行专业选择的沟通，听取在职朋辈的经验，从而使专业选择更加符合就业环境，最终服务对象在师兄的建议下选择了符合自身及社会环境的西餐厨师专业，以期提高日后的就业概率。

4. 社工工作

该服务对象是由禁毒办专职人员转介，服务对象母亲目前有禁毒办社工进行跟进服务。因此，社工联动禁毒办社工共同跟进服务，禁毒办社工主要负责服务对象母亲的跟进工作，协助社工重新构建服务对象母亲的亲子沟通模式，引导服务对象母亲了解服务对象现阶段的就学需求，最终推动服务对象母亲支持服务对象的就学决定，使服务对象顺利复学。

社工在跟进的过程中，及时向禁毒办反馈跟进情况，获得禁毒办的支持，促使服务对象家庭对社工产生了较强的信任感，而禁毒办在社工的反馈中，更加清晰服务对象的家庭需求，给予了服务对象家庭较多的正向支持，降低了服务对象母亲再次复吸的概率，因此有效减少了服务对象家庭的危机因子，增强了正向保护。

（五）成效评估

1. 服务对象确定就学目标，最终顺利复学

服务对象通过社工提供的职业生涯规划方法确定就学目标（西餐专业），并且在社工的鼓励下进行新学校的实地考察，最终在家人的支持下，顺利就读自己喜爱的某烹饪学校西餐专业。

2. 服务对象母亲能与服务对象进行良性亲子沟通

社工通过认知行为疗法协助服务对象母亲明晰服务对象现阶段的就学需求，改善了亲子沟通模式，最终推动服务对象母亲支持服务对象的就学决定，使服务对象顺利复学。

3. 服务对象能良好地适应新学校的环境（人际、学业、生活）

在服务对象复学一个月后，社工了解到服务对象在新学校适应良好，积极参与校内的团队活动。在学业上，服务对象也会主动拍摄课堂制作的美食照片给社工存档，表示在毕业后制作成一个美食图册，纪念三年的校园生活。服务对象目前对于复学生活较为满意，有效降低了再次失学的概率。

（六）专业反思

在本个案中，社工在促进服务对象母亲的亲子沟通认知重建时遇到较大困难，服务对象母亲无法配合社工与服务对象进行良性亲子沟通，导致服务对象复学动机降低。后来，在督导的建议下，社工与跟进服务对象母亲的禁毒社工进行更加紧密的联动，共同协助服务对象母亲进行亲子沟通认知重建，引导服务对象母亲清晰服务对象现阶段的就学需求，并且愿意使用正向的亲子沟通方式，从而大大提升了服务对象的复学动机，最终让服务对象顺利复学。

四、在校记过处分学生案例

案例7 "翼风少年"愿你振翅高飞
——助学校受处分学生转变的辅导工作坊

卢君婷　沈梅玲　陆倩华[①]

（一）案例背景

在与广州市某职中的合作中，社工发现该学校的职中生很关注志愿服务，原因之一在于消除处分。因此，从与该校合作以来，学校会定期向社工转介受处分的同学，让他们可以有机会参与更多志愿服务。在跟进的过程中，社工也慢慢发现受处分的同学会存在一定的非理性认知，如不及时处理的话，可能发展为严重的违规行为，将面临退学处理。退学后，部分青少年会重新就读其他职中，但融入新学校的效果不好；部分青少年会选择走上社会，因为想挣快钱，其工作大多选择灰色职业。因此，社工推动了多家职中效仿该职中用志愿服务消除处分的方法，希望及时帮助在学校受处分的青少年。

（二）预估分析

社工在以往的学校服务中发现，学校里有一定数量的偏差行为学生轻则出现旷课、抽烟、夜不归宿，重则出现小型帮派，围观打架和发生肢体冲突的情况。同时，在和学生的接触中，社工发现这些学生容易被自己和他人标签为"自卑"和"自我放弃"。老师希望社工跟进这些同学，减少

---

① 卢君婷，广州市启创社会工作服务中心项目副主任，助理社工师。从事青少年事务社会工作8年，在一线服务、项目运营管理、服务设计和总结等方面有丰富的经验。主要实务及研究方向：青少年社会工作、社区青少年服务、预防青少年违法犯罪服务、青少年禁毒服务、心理健康服务。沈梅玲，广州市启创社会工作服务中心资深社工，助理社工师。从事青少年事务社会工作6年，在一线服务、服务设计和总结等方面有丰富经验。主要实务及研究方向：青少年社会工作、社区青少年服务、预防青少年违法犯罪服务、青少年禁毒服务、心理健康服务。陆倩华，助理社工师，广州市"优秀团员"。有6年多青少年实务经验，擅长青少年历奇辅导、生涯规划、志愿者服务与组织培育工作。

其不良行为，更好地适应校园生活。借由学校通过志愿服务消除处分的机制，通过活动赋予受处分学生一个新角色，通过培训肯定其自身能力，多学习一个技能，让参与者赢得"导师助教"的身份，为参与者提供平台展示自己，从而提升自我形象，让他们能有更多力量去规划自己的理想人生。

（三）服务目标及计划

工作坊综合运用正向青年发展理论、生涯规划理论和体验式学习法来设定目标及服务计划。

1. 服务目标

提升重点青少年的规则和辨别意识，提前预防再次违纪、辍学风险；服务对象发现自身的优势和长处，多学习一种技能，正向展示自身能力，增强自我效能感。

2. 服务策略

在知识上：让服务对象了解作为导师助教需要具备何种特质、能力或要求，找到自身能量。

在行为上：尝试通过讲解、带领和解说三个步骤的体验式游戏，让服务对象用导师的身份去服务他人。

在价值观上：让服务对象认同自己可以拥有多一个正向的身份，找到更多自身力量，更有信心与方向去实践自己的理想人生。

（四）服务计划实施过程

1. 准备阶段

（1）让学校接纳工作坊的主要服务人群和开展方式。首先，学校和社工必须有共同的理念，都相信这批学生有改善的空间，他们可以通过一定的体验而改变其标签。其次，根据方案，社工必须让学校清晰工作坊的安排内容，让学校明白工作坊的目标和产出，务求双方均有动机促成此事。最后，部分学校对受处分学生的话题比较敏感，他们宁愿把更多资源放在志愿者领袖的建设之上。虽然有受处分学生的服务需求，但是也必须尊重学校的喜好偏向。因此在双方折中意见之后，本工作坊允许少部分比例的优秀学生参与计划初期部分，目的是通过双方互动学习，受处分的学生能被积极正向的学生带动。

（2）运用前测问卷和报名表。本工作坊设计了一份前测问卷。当学校同意开展工作坊的时候，社工会发放一个前测问卷给对接老师，由学生本人填写。学生问卷主要涵盖娱乐喜好、性格特征、在校情况、行为表现、朋辈情况和活动期待等。在实际操作中，虽然部分学生不会很认真填写问卷，但其对问题的选择仍然可以让社工获取青少年大致的偏好，作为计划微调的依据。

2. 开展阶段

（1）策划设计：注重生涯规划的元素切入。排除受处分的标签，职中生在生涯规划阶段所面临的挑战是，一年级学生如何能更快适应职中生活，二年级学生开始做实习后的职业安排，因此加入生涯规划的元素使得整个计划更符合受处分学生的需求。

在计划中我们很注重"身份认同"的话题，借由对导师形象的塑造，与成员讨论"三个我"（"平时的我"、"历奇导师的形象"和"历奇导师的我"），在区别中找到青少年期待的形象，这样也有利于他们的行为改变。此外，我们注重真实的考核和体验，让学生更为认真地对待导师的身份。同时，我们也设计了导师授牌仪式，并有相应的权利制度保障导师助教们的热情。这些细节使青少年更珍惜导师的荣誉和身份。

（2）组织带领：提供足够的信任和空间给青少年。学生参与第一次活动时普遍的感受是"迷茫"。即使与学校沟通多次，但是不少学生仍表示不知道为何而来，因此社工需在第一节工作坊的时候再次申明本工作坊的目的，把学生的问题视角转化为工作坊的正向发展视角。此外有反馈表示，受处分学生在一开始参加活动的时候，会有挑战社工的情况。此时，社工会以专业技巧去同理学生的心理，并积极引导他的体验选择。

如果参与者可以从第二节开始准时到场，那就意味着一个良好的开始，他们愿意投入工作坊，并开始期待每次的体验。当累积到充分体验的时候，学生会开始思考自己是否想成为导师助教。因此我们的经验是，即使一开始的挑战很大，但是需理解受处分学生的行为，提供足够的信任和空间让他们适应，才可能从中寻找到突破点。

3. 后续跟进阶段

后续跟进分为两大方面：第一方面是个案跟进，第二方面是向学校汇报工作。

活动开始后，每个进组的社工都会积极与受处分的目标学生建立关系，方便日后的个案跟进。这个步骤其实并不容易，需要有耐心和技巧。一开始学生并不愿意谈论自己受处分的情况，社工往往通过活动和兴趣打开话题，后期再切入受处分的部分。

此外，本工作坊很注重活动后向学校的汇报反馈工作，社工会为学校呈现三份资料：工作坊总结、学生情况反馈和个案辅导记录。工作坊总结以高质量、有故事性的图片呈现为主要内容。在学生情况反馈上，社工会以正向发展的视角，主要写出学生参加后的正向改变。个案辅导记录中，在保密的前提下，把服务对象的正向改变呈现给学校。此外，我们也注重邀请老师参与工作坊，并且在回顾视频中进行反馈，使学校更加了解本工作坊的成效。

（五）成效评估

1. 受处分学生正向转化率

以本年度在两所职中开展的整个工作坊的服务为例（有导师输出为完整开展），个案学生正向转化率为 32%，16 名参与者成为导师助教并授牌。在 16 名导师助教中，其中 8 人参与了新一期"翼风计划"，真正成为带领自己学校师弟师妹的导师助教；另外 8 人带领社区长者参与小游戏体验。跟进社工反映，这 16 名同学有较大的转变，在活动中能有勇气带领讲解，在个人成长上收获了自信与责任心。同时，他们的朋友纷纷表示"导师助教"身份让他们更加积极更加有担当，朋友的反馈也足以证明，参与者有明显成长。

2. 学校的反馈和后续

对于工作坊，合作过的学校与老师都给予了高度的评价，并期望能继续开展类似的服务。G 职中某班主任主动向社工反馈，有两个融入差和很被动的同学，在参加完工作坊之后，主动报名其他志愿者服务。M 职中某班主任反馈，参加了活动之后，有部分学生的行为和表现变得积极了，希望之后还可以继续培养他们。据反馈，M 职中借鉴工作坊的做法，以正向青少年发展理论来培育青少年，班主任会给予更多身份认同，更尽职尽责地培养受处分青少年。可见，老师都可以看到受处分学生的积极变化，并愿意继续尝试这方面的服务。

（六）专业反思

第一，突破惯性思维，关注受处分学生的需求和困境，提供一个正向改变的体验，赋予一个正向的导师身份，让其拥有多一个优点和技能，从而收获理想人生。

第二，通过社工的努力，部分学校开始接受以正向青年发展的视角重新审视这批受处分学生，同时也积极调整自己的观念和操作方法，使这批受处分学生有一个改变的平台。

第三，本工作坊收获的经验也有助于促进对预防青少年违法犯罪服务前置的思考。与其在矫正预防中大量投入人手，不如在临界预防中投入适合的服务和社会工作者，这样不仅可以在受处分学生的人生转折点处提供多一个选择，更可以及时阻止受处分学生往更差的方面发展。

案例8　陪你展翅，伴你翱翔
——"翼风少年"成长记

陆倩华[①]

（一）案例背景

当前我国正处于社会急剧转型时期，受家庭、学校、社会以及青少年自身等因素的交互影响，不少青少年出现偏差行为。而职高学生作为一个"特殊的群体"，他们的文化基础薄弱、辨别意识低、被标签、不被接纳、

---

① 陆倩华，助理社工师，广州市"优秀团员"。有 6 年多青少年实务经验，擅长青少年历奇辅导、生涯规划、志愿者服务与组织培育工作。

自我价值感偏低等，更值得社会工作者去关注。本案例共涉及三名青少年，分别是开哥、豪仔、小宏（均为化名）。三人都是从外地来到广州求学，对广州及所处的学校了解甚少，没有熟悉的朋友，学校是随便选的，专业是家长安排好的。来穗之后，他们发现学习跟不上，学习动力受到了影响，常常在课堂上睡觉和玩手机，不知道读书是为了什么。曾因聚众赌博被处分，被标签为"坏学生"。在学校被处分的学生面临的不仅是接受更加严厉的管理，还有同学们的鄙夷和老师们的异样目光。

（二）预估分析

受到学校处分，青少年的心理压力无形中加大。除了要每个月写检讨，其行为也格外受到关注，在班上更是没有机会承担一些额外的工作。正值年轻有为、思想活跃期的他们，如果不被看到，偏差行为更是难以减少。为此，社工在设计服务时，着重从行为问题与潜能发掘两方面着手。面对处分，协助青少年找出对被处分事件的认知，并通过推荐志愿服务帮助他们消除处分。在潜能发挥上，发挥青少年自身优势，通过作为"小导师"服务他人的形式，重获大家的肯定与尊重，从而提升自信心。

（三）服务目标及计划

本案例综合运用认知行为治理理论、优势视角理论和体验式学习法来设定目标及服务计划。

1. 行为操守

（1）协助青少年梳理被处分的过程并找出内因，解决内因问题避免重犯，掌握应对的办法，提升其遵守规则的意识。

（2）赋予青少年一个新的角色——"小导师"，让他们作为小导师去带领活动，撕掉"偏差行为学生"的标签，重塑形象。

2. 潜能发挥

（1）让青少年体验团建活动，感受活动带来的接纳与肯定，提升参与正向活动的动机。

（2）作为小导师，带领学校干部进行团建活动，重获尊重和信心，提升自我效能感。

（四）服务计划实施过程

1. 活动设计结合青少年特性，新奇有趣很吸睛

活动的第一阶段设计了多个体验环节，一个个充满挑战的游戏给青少年带来了很多新奇的体验。他们一开始觉得简单，收获到成功的喜悦感。逐渐地，游戏设置升级，需要青少年主动和团队合作去完成。社工发现，循序渐进的游戏设计，可以帮助青少年打破舒适区，逐步敞开自己的内心。开哥的领袖能力尤为突出，参加活动前，是他带领舍友聚众赌博，现在他能够在活动中发挥自身的号召力与感染力，组织游离在外的组员一起参与游戏；而小宏本来像个旁观者坐在旁边默默地参与，到后来能够站起来表达自己的想法；豪仔本来是一个不爱说话的同学，后来主动帮助队友，发挥自己力气大的优势，背着队员走过 10 米长的活动室。

2. 谈论处分问题，从体验中找到被处分的原因

经过前面两节的关系铺垫，社工开始尝试与三位青少年聊在学校违反校规的事情。社工通过情景再现的方式，从规则意识层面与他们一同寻找替代的办法以及对校规的看法。三位青少年认识到，如果当时真的很想去赌博的话，可以做些什么去打消这个念头。首先，就是不能在宿舍打牌，不能有侥幸心理。其次，可以去参与自己感兴趣的活动进行替代，如打篮球、睡觉。除了寻找替代办法，还协助青少年去思考学校为什么会禁止同学们赌博。青少年慢慢明白学校是一个有规则的地方，规则有其存在的意义。

三节活动后，三位青少年的表现都有所改观。社工向教导主任及班主任反馈了三位青少年的情况，并推荐他们参加"小导师"的培训，带领团建活动。在学校的推动下，青少年多了参与培训的时间，为树立新的形象做足了准备。

3. 成为小导师，先从认识自己、建立新身份开始

在第二阶段的培训中，社工让青少年在"百宝袋"上画出自己期望的"小导师"的形象，让他们充分表达自己的想法。其中，开哥希望自己可以成为一个能带动气氛、掌控全场的小导师；豪仔希望自己可以像打篮球

一样，做一个稳妥靠谱的小导师；而小宏则希望自己可以成为一个细心、敢于在众人面前表达自己的小导师。

4. 顺利带领40人完成团建活动

在得知要带领40名学生干部时，大家表示有点紧张与压力，也担心自己表现不好。经过社工讲解—带领—解说的一套培训，配合青少年两两彩排和演示，增强了他们带领活动的信心。活动当天，整齐统一的小导师志愿者服、专属小导师的胸卡、闪闪发光的历奇道具让整个气氛变得"专业"起来。活动开始后，三位青少年各司其职，有条不紊地进行了自己负责的部分。过程中，他们也会有紧张，会出现声音不够响亮的情况，但依然能够尽力地表现得不慌不乱，顺利地完成了一场40人的团建活动。

5. 实践出真知

活动总结时，社工仔细倾听了每一位小导师的分享。开哥觉得自己今天的表现不错，在带领第一个游戏时能够吸引住大家的眼球，也受到了大家的欢迎，挺开心；豪仔说："没想过自己可以站在台上带活动，非常感谢社工的肯定和陪伴"；小宏表示自己本来是一个比较内敛的人，但现在成为"小导师"，自己放得更开，可以站在40多人面前带领活动。

（五）成效评估

社工通过访谈的形式，从三方面收集了三位青少年的成长与变化，对他们进行了多方面的评估，其中包括个人访谈评估、同学访谈评估以及老师反馈评估。

1. 我的变化，自己看得见

在个人访谈中，社工单独和青少年谈话，从中可以感受到他们的变化与进步。参加活动前的开哥是一个我行我素、不爱沟通的人，现在他认为自己看待事物的角度变得多方面了。豪仔发了一段话给社工，他说："我非常感谢社工在这段时间的陪伴与付出，可以感受到很多的鼓励，让我可以更加勇敢与自信。"害羞内敛的小宏，以前都是需要好兄弟陪着过来才肯参加活动，现在可以自己大大方方地来参加活动了，他觉得更加自信了。

2. 我的变化，同学看得见

在同学访谈中，社工通过组织三位青少年及其同学一起进行团建活动，来了解同学们眼中三位青少年的变化。开哥原来在同学们眼中是一个放荡不羁，又非常高冷的同学，现在变得愿意和大家一起学习一起玩了。而豪仔在大家眼中也很不一样，以前是一个很普通的学生，没有受到大家的关注，现在有了自己坚持的兴趣爱好，并成为兼职的篮球教练，踏实体贴的性格更是被大家喜欢。小宏在同学眼中是最不起眼的一个同学，个子小，又内敛，现在小宏在同学眼中就是一个爱笑、愿意表达的同学。

3. 我的成长，老师看得见

在老师访谈中，社工向教导主任和班主任了解青少年在参加活动前后的表现有什么不同。教导主任认为学生有不同的平台参加活动，使他们的心理素质有了很大的提升。班主任则非常感谢社工精心策划了丰富的活动让学生参与，让老师也看到了学生的努力与改变。老师说："学生们成为'小导师'后在班上的表现都有改善，没有以前那么抗拒沟通了。"值得开心的是，不久以后，因为三位学生在活动中及班上有了正向的变化，处分被学校撤销了。

（六）专业反思

第一，充分发挥优势视角，表达尊重与接纳。被认定为"偏差行为学生"的同学常常要承受他人刻板的看法和异样的眼光，而社工在活动过程中，能提供足够的时间和空间让他们成长。

第二，保持多方沟通。学校愿意让社工跟进一群有违纪行为的学生，当中有着极大的信任。社工开展服务后，时刻注意保持多方沟通让整件事情顺利进行，与学校沟通学生在活动中的表现以及改变，同时关注学生的需要及吸收程度以便及时对方案进行微调。社工始终相信，关注每一个人，可以让服务更有温度。

第三，在服务过程中，社工很明显地感受到服务对象的改变，但这只是冰山一角。如果可以推动学校、家长及社会的参与，得到多方支持和联动，相信青少年可以有更大的平台去施展才能，做更好的自己。

第九章　矫正治疗介入

矫正预防工作主要针对已出现偏差行为，特别是严重偏差行为的青少年，通过对其进行矫正介入，逐步恢复其社会功能，预防其再次出现偏差行为，或减少偏差行为的严重性和出现频次等。在矫正预防工作中，我们特别针对存在不良行为青少年、吸毒青少年、社区矫正青少年、权益受侵害青少年和涉案青少年等群体，依据人本主义理论、认知行为理论、社会支持理论、生涯发展阶段理论、社会控制理论等介入理论，采用个案管理、创伤性事件及创伤后压力症介入等介入模式，提供个案辅导工作，进行个别化的观护介入，建立矫正与保护之间的纽带，以期使介入对象向临界预防等级过渡。

一、存在不良行为青少年案例

案例1　以家之名，拒绝不良行为
——不良行为青少年个案服务

沈梅玲[①]

（一）案例背景

1. 个人情况

小斯（化名），女，16岁，读初中三年级。患有先天性心脏病，初中有手术史；渴望追求刺激，但自小不能剧烈活动，内心痛苦不被理解；成

① 沈梅玲，广州市启创社会工作服务中心资深社工，助理社工师。从事青少年事务社会工作6年，在一线服务、服务设计和总结等方面经验丰富。主要实务及研究方向：青少年社会工作、社区青少年服务、预防青少年违法犯罪服务、青少年禁毒服务、心理健康服务。

绩年级倒数，有抽烟、喝酒、泡吧、夜不归宿和在酒吧兼职等情况，在校风评差；渴望得到家人和朋辈的认同和关注，但因家庭经历，自我认同感低，自卑，易受情绪影响，决策冲动。

2. 家庭情况

一家四口，弟弟 10 岁，爸爸是保安，母亲在广州打零工；父母分居，小斯跟妈妈与亲戚同住在 60 平方米的房子里。

家庭经常发生冲突，父母以打骂小斯来表达担心；家庭抗拒小斯接触动漫角色模仿活动；未能看到小斯的优势；另外家庭目前不会主动向外界求助，只生活在自己的痛苦中，未能感受到成员间和社会的支持。

小斯经常出入酒吧和离家出走，家长未能处理。学校社工跟进无果，转介给社区社工。

3. 认知问题

小斯认为父母一定很了解自己，所以当父母不理解的时候，她就会把家庭的爱全盘否定，通过脱离家庭、寻找朋辈的方式，让自己感受到关爱与理解。小斯认为朋友能理解自己，无论如何也要与朋友在一起。即使朋友在做可能违法犯罪的事情时，也会继续跟随。

（二）预估分析

根据认知行为理论，对服务对象认知、行为进行分析，主要得出以下成因：

从小以打骂为主的教养方式，形成小斯"自己不被理解与关爱"的认知和逃避的处理方式；从小缺少关爱且家庭经济条件差，常因为钱的问题发生争吵，形成"钱是重要的，钱是可以维系关系的"的认知，醉心兼职挣钱，无心向学，常存在逃学的行为。

（三）服务目标及计划

1. 服务目标

依据人性化认知行为综合治疗理论，不仅要关注小斯的非理性信念与行为，还需要关注其家庭关系、就学情况、朋辈关系等，有助于减少其重犯。小斯从小受家庭氛围以及处事方法影响，有"钱是重要的，钱是可以维系关系的"信念，会通过给钱来表达自己对家里的关心，但发现用钱"买"不到家人的关爱，家人依旧对自己不满。物质与心理都缺乏支持，但小斯发现可以通过不良行为朋辈和动漫圈得到"支持"，由此开始向外界的"支持"靠拢，满足爱的需求。依据优势视角理论，小斯与家庭对自身的优势及资源缺乏了解，认识和整合资源的能力有待提升，所以我们需要协助小斯分析过往经验，总结认知错位；协助父母和小斯调整逃避行为。

2. 服务计划

第一步，分析过往经验，总结认知错位：

首先，与小斯及其家庭建立良好的工作关系，让小斯与其家庭通过总结经验，看到自身的优势以及成功经验，识别家庭的理解与关爱。

其次，处理小斯离家出走的危机，协助小斯找到合适的方法满足自身需求，减少用不良行为表达需求。

第二步，调整逃避行为：

首先，通过家庭会议协助家庭建立有效沟通模式，学习沟通技巧，并维持家庭良性沟通。协助家庭与社会建立良好的联系，挖掘家庭的社会网络资源。

其次，协助小斯梳理、调整自己与学校的关系，建立小斯与学校的正向联系，适应职中生活，平稳就学。

（四）服务计划实施过程

1. 与小斯建立良好服务关系

（1）个人方面。社工从优势视角出发，从聆听、接纳中发现小斯正向的特质：很会表达、很愿意帮助朋友、很爱动漫等，并给予鼓励与支持。小斯慢慢从只表现自己完美的一面：我"没有问题"，转变为愿意表达"不完美"的自己：在玩乐时也有焦虑、对家庭有期待。

（2）家庭方面。社工联动学校社工进行家访，用倾听、同理、正向表达需求等方法让母亲尽情表达心中的苦闷，以及对小斯的期待与担忧，并制定个案目标。

2. 调整认知，协助表达梳理需求，寻找改变的动力与方法

（1）提升动力。个案过程中，社工发现小斯的家庭成员习惯把问题外归因，希望他人改变。社工通过引导他们回顾家庭的开心时刻和对家庭美好期待，帮助双方看到自身及家庭的成功经验，提升家庭再次尝试的动力。小斯和家人逐步看到原来双方都用错的方法表达爱，而他们更需要协助彼此成长。

（2）学习理解对方和改变自己的方法。

个人方面：

首先，提高分析能力，作适合的选择：通过"好与坏"游戏道具，社工与小斯全面分析泡酒吧等不良行为的好与坏，寻找挣钱与得到朋友认同的方法。小斯慢慢离开了不良朋辈，在学校寻找志同道合的同学，投入校园生活中，在校园比赛中得到关注与称赞，满足了被认同的需求。

其次，表达需求，拒绝冲动行为：社工与小斯分析其与家庭发生冲突时的情绪状态和过激行为的"着火点"以及后果。小斯思考发现自己希望得到的是父母的理解以及认同，但每次吵架、打架只会让自己觉得更孤独。社工与小斯探讨与情绪"和平相处"的方法，经此之后小斯没有再与母亲打架。

最后，学习自我保护技能：小斯经常与朋友出入酒吧，更换男朋友，与网友同居。社工引导小斯觉察其中的危险性，与其梳理保护自己的方法，从而实现自我保护意识与技能的提升。

家庭方面：

首先，让小斯母亲了解当前青少年的世界观与想法，引导其从小斯的角度看待事情，从而增加对小斯的了解，减少埋怨，创造更多的共同话题。

其次，通过回顾冲突场景，练习用正向的言语代替负向的言语。通过练习，小斯母亲慢慢地减少了"口出恶言"的情况，变得温柔。

3. 推动家庭形成有效沟通：坚持约定，实现共同期待

在个案跟进过程中，小斯曾遭遇四次危机事件，分别是："离家出走"、"被退学"、"文身发炎"和"父亲被辞退"。

在"离家出走"的危机里，社工通过家庭面谈，巧用弟弟的存在帮助

家庭搭建良好的沟通模式。弟弟的存在是一个很有力的提醒，可以让家庭保持冷静以及展示关爱。最后家庭订立"和谐家庭"为共同期待，一家四口一起回家。

在"被退学"的危机里，原本没有再大吵大闹的家人对此有些失望，再次出现沟通不畅的情况。社工再次引导家庭看到双方的变化，与家庭重温良好的沟通模式，最后家庭还是愿意继续坚持有效的沟通方式。

在"文身发炎"的危机里，当初"手指指"的母亲不见了，换成一个满脸欣赏的母亲。小斯家庭已经可以自主运用与维持这个良性的沟通模式。

到了"父亲被辞退"的危机的时候，家庭成员之间相互帮助，一起寻求解决方法。在该事件后，爸爸感受到家庭的温暖，回归家庭一起生活。

4. 与社会建立正向联结，改善家庭经济状况

社工邀请家庭参与社区活动，为家庭链接慰问物资、企业支持和补习资源，让家庭感受到社区的支持，提升了家庭与社会接触的意愿。经历了离职危机后，母亲真切地感受到社会对其家庭的关心，成功把户口迁到广州，并申请了政府补贴。为了让小斯能有个人空间，母亲也在申请公租房，并带动小斯一起去申请政府资源，建立更多的支持网络。

5. 稳定就学，发展自己

经历"被退学"危机后，小斯更加珍惜学习的机会，努力提升专业课的成绩，顺利毕业和升读职中。还把"动漫"兴趣变成兼职，制作"动漫"模特和服饰。

（五）成效评估

通过与小斯及其家庭的访谈，综合家庭危机处理的情况、家庭与社会的联系程度，社工判断小斯与其家庭有了明显的改变：

1. 不良行为不再有

小斯没有再出现不良行为，在疫情期间也能坚持上网课并照顾弟弟上课、吃饭等。

2. 家庭氛围和谐

家庭成员没有再出现大吵大闹的情况。在面对争执的时候，家庭成员

为了家庭改变自己的态度，坚持做到不"点火"，坚持约定，共同实现"和谐家庭"的沟通模式。母亲能看到小斯的优点：很爱家人、努力挣钱、愿意为家人改变。小斯也能体谅母亲：工作不容易、愿意改变自己的生活习惯。小斯愿意帮助母亲去了解自己，觉察并接受家庭的关爱。

3. 学习、兼职两不误

小斯已经把动漫角色扮演转变成为兼职，既满足自身的爱好，也为家庭减轻经济负担。在学习上，小斯能坚持完成职一的学业，顺利升上职二，且不断发展专业科目。还组建自己的校内兴趣小组，积极参与学校的活动，获得同学的喜欢，与学校的联结增多。

4. 促进家庭与社会联结

家庭愿意与政府、企业、学校、其他青少年家庭有更多的联结，并接受社会的支持，改善生活环境与家庭经济情况。

（六）专业反思

1. 运用家庭系统视角去分析解决青少年问题

结合运用家庭系统的视角去分析问题，更加灵活地利用家庭与本人的动机与事件去调整青少年的认知或行为，而非单纯地按部就班，个案的进程加快，效果也更稳固。本案例中，小斯的家庭在学校社工跟进下已经作了很多的尝试，但因为认知未能调整，导致新行为未能坚持。社区社工同时关注个人与家庭，通过生命线与事件分析，协助家庭看到各自的认知与需求，再去推动行为的改变，这样更有利于个人的转变与效果的维持。

2. 冷静看待反复，提升家庭的自助能力

针对青少年行为和家庭沟通模式经常出现反复的情况，社工需要坚守不批判、服务对象自决的社会工作理念，提前预估，遇到反复时，给予家庭和青少年支持与鼓励，分析复发原因，寻找成功经验，与青少年及其家庭一起再出发。社工要做好协助者的角色，才能真正帮家庭找到并掌握解决问题的办法。

3. 运用优势视角加快青少年问题的解决

家庭功能的完善是解决青少年问题的重要途径。面对低功能家庭，社工从优势视角出发，注重陪伴家庭学习与企业、政府部门资源链接的能力是很重要的。日后家庭也能自主为发展寻找资源、运用资源，推动家庭经济情况的改变。

案例 2　持刀斗殴少年的蜕变之路
——偏差行为青少年个案辅导

卢葆棋[①]

（一）案例背景

Chok 锋（化名），15 岁，来自粤东地区，社工接案时，在本地的公办中学就读初二的 Chok 锋与父母及哥哥一起居住在出租屋，其妈妈身患子宫癌，要返回老家治疗，而爸爸则长期在外地经营农场，每月约返家一次，哥哥在职中寄宿就读，周末才能返家。虽然服务对象对妈妈的病情感到焦虑，但他表示从小受到家庭的伤害也很大，认为家人无法理解自己，而自己也不需要家人的理解。

服务对象刚失恋，痛苦无比，认为自己对前女友足够好，但对方仍不理解自己，于是对前女友的追求者施暴以让对方停止追求。

服务对象有肝痛的病，经常从晚上 7 点起便到兄弟经营的酒吧酗酒至凌晨 2 点，然后到网吧通宵打游戏。经常参与由兄弟组织的跨地区非法聚众持刀斗殴事件，从中赚取可观的"撑场费"，认为自己能被打死就最好不过。曾走在狭窄的桥上时，因为对方不让路而把对方直接暴打至躺在路上。最近，因醉酒与酒吧内的客人发生口角冲突，拿刀把对方砍伤。

---

① 卢葆棋，广州市启创社会工作服务中心服务主任，中级社工师。从事青少年事务社会工作 8 年，在性与性别、精神健康、预防违法犯罪、危机介入等主题的一线服务方面有丰富的经验。主要实务及研究方向：青少年社会工作、性与性别服务、精神健康服务、预防违法犯罪服务、危机介入服务。

（二）预估分析

1. 身体状况

服务对象因长期酗酒而出现肝部疼痛，长期日夜颠倒，通宵打游戏也对其健康造成影响，休息不足容易使其常处于暴躁的状态。

2. 情绪状况

服务对象为母亲的子宫癌焦虑和担心，但其对癌症以及母亲病情均缺乏科学的了解。而失恋又让其感到伤心、痛苦，通过酗酒、到网吧通宵打游戏和参与持刀斗殴来麻醉自己。

3. 认知与行为

当服务对象在生活中遇到别人不理解自己时便会感到愤怒，进而难以控制自己的情绪并以暴力对待他人，目的是让他人为自己作出让步。服务对象缺乏正向的人际交往技巧及理性解决问题的能力。

4. 社会支持状况

服务对象认为自己从小便受到家人的伤害，家人无法理解自己，他很少向家人表达自己的想法与期待。服务对象喜爱且信任的女友也离他而去。服务对象目前的朋辈都是会到酒吧、网吧消费，更会怂恿他参与持刀斗殴以赚取可观收入的群体。可见服务对象目前的正向支持系统相当不足。

（三）服务目标及计划

1. 服务目标

以认知行为治疗理论来分析判断，服务对象存在一定程度的行为偏差，如参与持刀打架及以暴力应对他人不理解自己的情形，这与其认知上的偏差是密不可分的。服务对象对不良朋辈群体过分认同，认为对方才理解自己，协助对方持刀斗殴是好兄弟的表现，更由于服务对象对于持刀打架的法律后果存在无知或侥幸的心理，让其不顾一切地参与其中。此外，服务对象对于失恋及人际冲突之所以感到痛苦和愤怒，并不是因为事情本身，而是他对事情的看法。他总认为自己得不到理解，认为对对方足够好，感情便应该得以长久，更认为需要以武力才能让对方理解甚至明白自己。因此，社工引导服务对象认识到酗酒、持刀斗殴的后果与风险，通过协助其改变认知，从而改变其行为。还协助其辨识自己的愤怒情绪，觉察当遇到他人不理解时自己的身心反应，掌握"喊停"的方法与调整认知的方法，包括正向地认识失恋的原因，运用正向沟通的方式处理人际矛盾。

2. 服务计划

与服务对象建立关系，让服务对象感受到被理解和被关心。

关注服务对象个人健康状况及安全状况，提升其控制酗酒及减少参与持刀斗殴的动机，提升法治意识。

协助服务对象调整对于失恋及人际冲突的认知，觉察不良行为的模式，能辨识自己愤怒情绪出现时的状态，并掌握"喊停"的技巧。

通过家访，改善服务对象与家人的沟通方式，促进彼此的正向理解和支持。

（四）服务计划实施过程

1. 建立关系，降低酗酒与持刀斗殴的伤害

社工将服务对象酗酒后会肝痛、通宵打游戏缺少睡眠让肝部疼痛加重、参加持械斗殴的风险和法律后果、家人会对其产生的担忧等联系起来分析，提升其改变的动机。在酗酒的问题上，社工与他一起订立减少伤害的计划，包括不空腹喝酒、减少喝酒的分量与降低喝酒的频率，及时留意肝部的疼痛有否减轻等。服务对象成功控制了喝酒的数量与频次，肝部的疼痛也消失了。

随着酗酒的情况得以控制，他也能减少通宵打游戏的安排，晚上1点便回家睡觉，逐渐让睡眠质量得以提升。此外，随着社工持续提醒和对持刀斗殴法律后果的分析，他逐渐意识到持刀斗殴的法律后果是严重的，不再参与朋辈的邀约。

2. 认知行为疗法与朋辈经验，助他转变扭曲的心态

社工进一步了解发现，目前让服务对象感到"痛苦"的是前女友劈腿，与自己分手且不愿复合，还与不同的人关系暧昧，让他感到人生不再有希望。其对女伴出轨一直耿耿于怀，认为"被戴绿帽"是一件令男性非常没面子的事情。此外，他也不懂得如何正向面对分手以及管理情绪，认

161

为只要把竞争对手打走，前女友就会继续和自己走下去。

社工尝试引导服务对象思考对于亲密关系的想法与期望。他希望能拥有一段相互信任、扶持的关系。显然，前任的变心与冷淡并不符合他的期望。他逐渐意识到分手也是一种正常的选择。而好兄弟与女友数度分手复合的经验分享也让他看到亲密关系不是一成不变的，人与人之间的感情可以有不同的流向，男性被劈腿也是正常的，不必耿耿于怀。除了暴力外，还有很多正向处理亲密关系的方式。随着辅导的深入，服务对象更意识到他暴力对待前任的追求者，只会让前任更加讨厌他，并不会让其重新获得前任的欢心，而且暴力还可能引发赔偿责任或法律后果。社工通过"扩大视角"，让其看到当别人不理解自己会感到愤怒，他是渴望被理解，也渴望被支持的。他自己也有责任多尝试表达自己，与他人及时沟通，澄清误会。

服务对象对前任的不舍和喜爱，社工理解并鼓励其以正向方式求复合。后来，他真的鼓起勇气尝试争取复合，而复合失败也让他真正地慢慢放下这段感情。他逐渐意识到感情是无法勉强的，分开后便各有各的人生。分手后的服务对象重新投入正向的好友生活圈，平时积极参与社工站的活动，经常运动，与好友聚会。

3. 促进与家人的彼此理解和支持，掌握正向管理情绪的方法

社工以关心服务对象妈妈的癌症治疗作为切入点，促进服务对象觉察自己对妈妈的担心和焦虑，同时也促使其多关心妈妈癌症治疗的进展，让服务对象对于妈妈的情况多一些安心。后来，服务对象在学校殴打隔壁班的同学，以致对方流鼻血并需要赔偿医疗检查的费用。校方及服务对象家人高度重视此事，服务对象在出事后第一时间向社工求助，他认识到自己的行为将为自己带来经济损失甚至法律责任，对此感到恐惧。社工及时强化其正向认知，让其明白日后都不可以这么冲动，应体察自己愤怒情绪产生时的身心状态并"喊停"，运用正向沟通的方式处理人际矛盾才是正道。

社工在持续家访中，也注意引导服务对象妈妈运用正向的管教方法与服务对象沟通，分析服务对象行为的后果与责任，而非斥责服务对象。同

时促进他们母子间的相互倾诉，聆听妈妈对于他的担忧与期待，更让服务对象看到自己在妈妈心目中的分量，让服务对象与家人间的关系得到改善。后来，服务对象妈妈的金句："儿子，你要看管好妈妈的心脏，不要再鲁莽行事刺激妈妈了。"更成了服务对象待人处世的座右铭。

（五）成效评估

服务对象目前能参与正向的人际交往活动，课后及周末闲暇时间会与同校的好友到社区打篮球、骑自行车或参与社工站的普法宣传活动。他已远离原来那些持刀斗殴及"酒吧"的朋友，目前没有再参与持刀斗殴事件，也没有酗酒和通宵在网吧打游戏的行为。

通过个案辅导，服务对象能正向地看待感情的变化，接受失恋的事实，没有再以武力对待及威胁竞争者。服务对象在经历了武力对待隔壁班的同学致使对方受伤，并让自己承担了赔偿及接受校方教育、记过的处分后，进一步认识到以武力处理人际矛盾的后果，"经一事，长一智"，表示以后都不敢再"动手"了。

社工也借此机会让其认识到情绪管理的重要性，让服务对象认识自己处理人际冲突的模式并掌握对愤怒情绪的觉察和"喊停"的方法，以正向沟通的方式解决冲突。此外，服务对象在社工的促进和引导下，感受到家人的关爱和理解，逐渐改善了与家人的沟通方式及关系。

（六）专业反思

若服务对象能感受到社工的真挚、热诚，那他们就会认为社工能设身处地地理解自己内心隐秘的世界，即使说出一些"不被他人接受"的观念，也能得到社工积极的关注。而一旦服务对象认为社工是在真诚地帮助和理解自己，其自身才会发生明显的和真正的改变。

一旦服务对象掌握"喊停"及调整认知的方法，就能在其出现愤怒情绪的时候及时调整自己的认知从而改变自己的行为。社工要重视认知在解决问题过程中的重要性，强调内在认知与外在环境之间的互动。

二、吸毒青少年案例

案例3　愿你有美好人生
——涉毒青少年个案辅导

雷雨晴[1]

（一）案例背景

阿隽（化名），男，25岁，成人本科学历。服务对象曾自己创业开工作室，从事金融行业。近两年，服务对象结束了自己的工作室，暂无稳定工作。父亲因贩毒在监狱服刑，母亲在家人的支持下抚养阿隽，家庭经济富裕。阿隽有相处了10年的稳定伴侣。服务对象从小由奶奶抚养长大，和祖父母的关系很好。

服务对象有10年涉毒经历，主要吸食冰毒，第一次吸食是和朋友一起，19岁时因找到自己的人生乐趣而停止吸食冰毒。23岁，因压力、心情不好而在不良朋辈引导下再次吸食毒品，频次为每天吸食，吸食地点为工作室。24岁，他和搭档吸完冰毒，在街上被警察发现了吸毒冰壶，第一次被抓，拘留15天。

（二）预估分析

1. 毒品相关方面

服务对象对吸毒的"正面"信念：第一，认为吸了冰毒之后可以集中精神去工作。第二，不开心或和女朋友吵架时会通过吸毒来逃避问题。第三，觉得自己可以控制毒品，玩得起毒品，并觉得这样很酷。

服务对象有戒毒的动机：一方面，发现吸毒不再是自己的事情，也会影响到家里人。另一方面，发现冰毒已经影响自己的神经系统，觉得自己

---

① 雷雨晴，助理社工师，日本和谐粉彩正指导师，获澳大利亚社会工作硕士学位。从事预防青少年违法犯罪项目工作两年半。主要实务及研究方向：认知行为疗法、戒毒服务、艺术治疗、社区青少年服务。

神经衰弱，会因为一些小事而疑神疑鬼。

服务对象身边有很多保护性的因素：第一，女朋友会对服务对象进行突击尿检；第二，服务对象会告知身边的不涉毒的好友，让他们提醒他；第三，服务对象自己拉黑了拘留所认识的吸毒的朋友；第四，和爸爸的警察保持联络。

2. 亲密关系方面

服务对象对于自己的涉毒人员身份也很在意，一直对家人隐瞒自己涉毒的情况，特别是对其在乎的祖父母。只有当家人不在时，才在家中吸食，母亲和女朋友也是服务对象被拘留后才知道他吸毒的。

女朋友会不断地质疑服务对象是否吸毒，会不分场合地让服务对象进行验尿，服务对象觉得很尴尬。服务对象和女友因信任问题而吵架，处于分手状态，和女友的价值观有差距，但服务对象还是希望和女友复合。女友怀疑服务对象和闺密有亲密的关系，觉得服务对象和闺密不顾虑自己的感受，服务对象也明白女友的不安全感和自己过去的吸毒经历有关。

（三）服务目标及计划

1. 服务目标

服务对象对冰毒有不正确信念，需要挑战其对毒品的"正面"信念，强化其对毒品的负面信念。女朋友是服务对象的保护因子，在服务对象的戒毒过程中起着重要的作用。

因此，服务目标确定为：稳定服务对象情况，降低吸食毒品频率；协助服务对象女朋友正确认识服务对象的需要，促进女朋友与服务对象之间的关系；和服务对象探讨未来生活，让服务对象对未来有盼望及计划。

2. 服务计划

保持真诚、接纳、积极关注以及开放不批判的态度，让服务对象体会被关怀、被接纳和安全感，获得更多服务对象对毒品的想法。

帮助服务对象强化对毒品的负面信念，探讨取代毒品的其他方式，特别是引导服务对象正确应对高危场景和自己对毒品的心瘾。

与服务对象及其女朋友一起制订戒毒计划，充分发挥保护因子的作用。

（四）服务计划实施过程

1. 与服务对象建立良好的工作关系

初次探访时，社工没有将服务对象的涉毒情况透露给奶奶，由此建立了基本的信任关系。首次辅导过程中，社工利用生命线图工具与服务对象回顾其吸毒历史和人生史，了解到服务对象因被拘留而产生了戒毒的动机。社工运用同理、非批判、接纳等技巧，与服务对象达成约定：每月至少一次面谈或联系；愿意坦诚开放地谈自己涉毒的情况及认识；接受社工站验尿服务。

2. 利用工具表格和服务对象探讨毒品危害，调整服务对象对毒品的认知

在辅导初期，社工利用不同的辅导工具表格了解服务对象对毒品的认识，借此讨论毒品对服务对象的好处和坏处，同时也对毒品的好处进行质疑，强化坏处的认识。服务对象一般都是在不开心、烦恼时会吸毒，但他发现毒品效用过后，会感觉自己负能量更强，心情越来越灰暗，而自己面临的问题没有解决。在此过程中，社工帮助服务对象察觉到毒品对自身及家人的负面影响，强化服务对象的戒毒动机。

3. 利用心瘾日记了解心瘾，并找到应对方法

社工送了一本"心瘾日记"给服务对象，让其记录自己每天想吸食毒品的时间及原因。服务对象坚持写了10天的心瘾日记，社工发现服务对象有4天没有吸食冰毒，其余天数均有吸食。在此4天当中，服务对象也有出现心瘾的情况，但能忍着不吸食。社工就此与服务对象一起分析，让他了解自己的毒品心瘾是如何产生的。社工和他一起填写心瘾图解，寻找控制其心瘾的方法。经过一系列的讨论后，服务对象在生活中尝试戒毒并有了成功经验。服务对象坦诚曾和吸食毒品的朋友一起吃饭，朋友邀请其一起吸食毒品，当时能主动拒绝，利用看电影等其他方式转移视线。

4. 协助女友正确认识服务对象需求，给予女友情绪支持

社工邀请服务对象和女友一起联合面谈。在联合面谈过程中，大家一起回顾服务对象涉毒情况及戒毒情况，女友和服务对象均能描述出服务对象的变化，例如，戒毒后，服务对象能过正常人的生活，不会过于执着完

成某件事情。社工也在回顾过程中，围绕服务对象描述及女友观察的内容澄清吸食冰毒后的表现及相关知识。同时，服务对象也分享了自己近段时间控制心瘾的经验，如通过吃零食、逗女朋友或做其他事情分散自己的注意力。

社工引导服务对象和其女友一起制订一个可行的戒毒计划。设定 3 个月内不吸食冰毒为一个小目标，服务对象写下自己面对心瘾时能做的事情，还写下了期望女友和社工能在此期间分别能做到的事情。

服务对象和女友在此过程中分分合合，影响了服务对象戒毒计划的执行。服务对象因为与女友分手而再次高频次吸食冰毒，还开始回避和社工面谈。社工没有放弃服务对象，通过微信与服务对象保持联系，了解其近况。社工在服务对象生日时给予生日祝福及关心，重燃服务对象的信心，在生日当天服务对象决定再次开始戒毒计划，并再次和社工面谈。社工在那次面谈当中发现服务对象开始赌博。社工一方面评估服务对象赌博情况及认知；另一方面评估服务对象赌博和毒品是否相关联，并针对赌博问题与服务对象探讨，调整服务对象认知。服务对象和女朋友后来复合了，但女朋友因服务对象的复吸感到心灰意冷。社工在和她的微信交流中也感到她的无力、无助，及时同理她的感受，并给予适当的鼓励。

5. 进行回顾，给予希望，寻找自己的人生目标

一年的专业辅导后，社工和服务对象一起对这一年的戒毒过程进行回顾。社工利用一条时间线把这一年对服务对象重要的事情写在线上，并邀请服务对象对这一年中发生的大事件进行评价，发现服务对象和女友关系影响着复吸情况，服务对象生日是一个很大的转折点。

社工邀请服务对象画"朋友圈"，用不同的颜色标记朋友是否有涉毒的情况，发现服务对象核心朋友圈主要以不吸食毒品的朋友为主，而吸食毒品的朋友在大圈外，服务对象也表示如果发现朋友吸食毒品就不会联系。

在这次回顾中，服务对象分享了女友对他的信任，她相信他不会再吸食毒品。同时社工也邀请服务对象画出"三年后的我"，他的画中有一个家，有自己、老婆、小孩及一只小狗，画下面写着"违法事情不敢做，为家负责"。

在这次回顾结束前，社工邀请服务对象抽取"彩虹卡"，抽取到的句子是"我轻易且喜悦地朝着目标前进"。社工把这句话送给服务对象，希望他在新的一年里能抬起头做人，成为三年后的自己。

（五）成效评估

1. 服务对象吸食毒品的频次降低，并且维持这样的改变

在多次辅导当中，社工都会给服务对象验尿，辅导初期验尿结果呈阳性，现在验尿结果已为阴性。同时，每次辅导中社工都会了解服务对象最近吸食毒品的情况，社工发现服务对象由初期天天吸食，到现在3~4个月吸食一次。

2. 服务对象和女友的关系趋于稳定，对未来有盼望及计划

服务对象和女友关系得到改善，也找到自己的相处方式。据了解，服务对象和女友计划结婚。同时女友在服务对象戒毒过程中起了重要的监督作用。

（六）专业反思

1. 保持良好的心态面对涉毒人员反复情况

在辅导的过程中，服务对象的情况总会反反复复。社工需要保持良好的心态面对服务对象的反复，不能因为服务对象未能坚持戒毒计划，而推翻社工和服务对象及家人一起付出的努力和尝试。涉毒人员状态反复是常态，但每次失败都累积了成功经验，社工都可以利用这些成功经验鼓励服务对象及其家人，增加服务对象戒毒的动机。

2. 勇于使用表格等辅导工具来进行辅导

该个案跟进过程中，社工利用了多种不同的表格及卡片为服务对象辅导，如"生命线""毒品好与坏""心瘾日记""朋友圈"等。一方面，社工能展示自己的专业性，巩固在初期辅导中建立的良好专业关系。另一方面，这些工具也能很好地呈现服务对象当时的想法及认知，社工能利用表格和服务对象深入探讨，调整服务对象的认知，社工和服务对象也不会出现没话"聊"的状况。

3. 联动服务对象家属，让服务对象家属成为戒毒计划执行的一部分

在服务对象的戒毒过程中，服务对象与家属的关系影响着服务对象的

涉毒情况，既是诱发因素，也是保护因素。社工在和服务对象谈论涉毒情况时，社工需要评估服务对象的家庭关系/亲密关系对涉毒的影响，必要时可以利用多方联合面谈给服务对象及其家属进行辅导。在联合面谈中，一方面，社工能从家属处了解服务对象的涉毒情况及家属对毒品的了解情况，进而提供合适的服务。另一方面，社工能帮助家属了解服务对象涉毒情况，澄清毒品知识，协助戒毒计划的制订及执行。

在戒毒计划执行当中，家属也会因为服务对象的反复情况而受到影响，产生失望等负面情绪，社工也需要给予适当情绪支援。

案例4　成长之旅
——涉毒未成年人社区矫正个案[1]

马婉怡[2]

（一）案例背景

阿天（化名），男，16岁，广州本地人，与父母、哥哥同住。父母以责骂、警醒的方式教育子女，兄弟间交流少但无障碍。因协助朋友抢劫被判了两年半的社区矫正。社矫第一个月，服务对象每次报到和面谈时总是一副睡眼惺忪的样子，精神状态颓废且态度随意。服务对象对于司法所的监管和社工的跟进表现得一脸不在乎，经常迟到或缺席，难以遵守社矫期的一些规定，收到由司法所发出的两次警告。几个月后，服务对象偶然结识了有涉毒行为的人，并在其邀请下吸食K粉，两个月后被捕并拘留了一天。司法所与社工知情后，服务对象仍有吸毒行为，当其心情不好和无聊

---

① 本文曾以《阿天的改变——涉毒涉案青少年帮扶》为标题，于2017年刊登于广州市社会工作协会的专业报刊《广州社工》上。并收录于由广州市综治委预防青少年违法犯罪专项组、共青团广州市委员会、广州市社会工作协会联合于2018年出版的《广州青年地带项目服务案例汇编》。

② 马婉怡，曾为广州市启创社会工作服务中心资深社工，中级社工师。专注于青少年涉毒、社区矫正领域4年半，熟练运用人性化认知行为治疗手法，在个案辅导、服务设计、实务工作总结等方面有丰富的经验。主要实务及研究方向：社区矫正社会工作、青少年社会工作、认知行为治疗手法。

时都会受到心瘾的驱使。

（二）预估分析

服务对象在个人管理能力及家庭保护功能上都显得非常薄弱，需要较长时间调整和改善，因此当服务对象受到毒品诱惑时，不能很好地通过自身去抵制。围绕着服务对象的涉毒情况，社工作出了如下分析：

1. 认知方面

服务对象从接触毒品到被捕拘留再到被司法所警告后仍然有吸毒的行为，可见服务对象对毒品有着一定的渴求，也未体会到有严重的后果，对毒品的负面影响思考较少，如提及吸毒后的一些后果、避免复吸的方法等，会表示"不知道""不明白"。

2. 行为方面

服务对象自我改变的动机较弱，需要有外力加以严格监管来帮助其逐渐规范行为，再以辅导来加强不吸毒的信念。

3. 朋辈方面

服务对象周围存在一些有吸毒等偏差行为的朋友，且服务对象极易受到朋友影响。其犯罪事件和吸毒皆是由于朋友的教唆和诱惑引发。

4. 自我效能感方面

服务对象受父亲的影响较大，从父亲身上习得了对事情不上心、不理会的特质。且不喜欢记起不愉快的事情，因此养成了遇事逃避或是用简单直接的方式解决问题的习惯。

（三）服务目标及计划

1. 预防重犯

与服务对象进行犯罪回顾以提升其避免重犯的认知与能力，矫正服务对象的不良行为，同时借助司法所的力量帮助其建立行为规范，以外来压力加强其自我的监管和控制力。

2. 预防重吸

帮助服务对象进行不定时尿检以及时观测其涉毒情况并作有效的介入。调整服务对象对毒品的不合理认知，提升其内在改变的动机。引导服务对象辨识高危场景，通过预防复吸工具教导其控制心瘾、保持操守的技巧与方法。

3. 提升社会网络的支持力度

鼓励服务对象复学并稳定地度过该时期，引导其看到对自己有利的方面，同时邀请其参加有兴趣的活动，丰富其休闲娱乐生活，帮助他增加正向的体验，提升服务对象与社会之间的联结度。

4. 恢复社会交往

与服务对象一起讨论其周遭的朋友类型，引导并鼓励其多接触身边有积极作用的朋友，帮助服务对象重新建立正向的朋友圈子，增加其保护性因素。

5. 发挥家庭功能

通过家庭面谈，帮助家庭成员发现服务对象的问题所在，为服务对象与家人创造有效的沟通平台，引导他们发展积极的相处模式，以对服务对象产生良性的推动力。

（四）服务计划实施过程

1. 建立关系，深入评估，预防重犯并建立支持网络

通过"犯罪回顾"评估服务对象对犯事的态度和想法，也帮助其明白自己"出事"的原因。通过与服务对象回顾拘留的经历与感受、家人的反应，让服务对象多方面地反思自己错误行为所带来的影响，适当地进行认知调整以降低服务对象重犯的风险。随后，社工采用画"生命线图"的方式全面且深入了解服务对象，发现其目前问题及形成问题的原因，并据此确立后续的介入范围。

服务对象在社区矫正的第一个月便收到了两封警告信，因此社工与司法所协力，一方面由司法所加强其对规定的遵守意识；另一方面由社工引导服务对象清晰自身情况并加以鼓励。针对服务对象家庭内部沟通不畅及监管力度弱的问题，社工通过唤起家人责任及鼓励共同面对，通过家庭面谈让家人看到服务对象积极的一面并加以赞许，增强服务对象与家人的交流，促进良性的互动。对于服务对象读书事宜，社工抓住暑期服务对象感

到生活无聊的时机，推动其复学。社工用"社交图"与服务对象一起分析身边较为亲近的朋友，引导其辨识值得结交的朋友及讨论如何继续维持关系。

2. 调整服务对象对毒品的认知，处理高危情境并应对偶吸情况

服务对象的违规行为得到控制，其支持网络也在慢慢建立。然而服务对象的自我控制、内省、多角度看问题等能力仍需调整和提升；因此，意志仍未坚定的服务对象便在朋友邀请下涉毒。社工发现后马上约见服务对象作危机介入，针对其涉毒的整个事件、对毒品的正负面信念、控制吸食毒品的态度和动机、高危情况等作出评估。

根据分析，一方面，社工继续寻求司法所的协助，最终落实了司法所对服务对象进行外力上的监督策略以及由父母对服务对象每周作息进行汇报。这些策略有效控制了服务对象不良行为的延续，服务对象担心再进监狱是其抑制自身对毒品冲动的有力信念之一，同时让家人完成服务对象作息时间表，提升了家人对服务对象的关注度，促进了家庭内部的互动。

另一方面，社工每周与服务对象面谈，通过协助每周验尿来及时了解服务对象的涉毒情况，有针对性地对服务对象涉毒事宜进行辅导。在认知上，社工用"毒品好与坏"工具表帮助服务对象探讨和梳理影响自己的因素，反复讨论吸毒的正负面信念及可怕的后果，提升服务对象改变现状的动力。同时，帮助服务对象自主思考各种危害以增加其危机意识和提升自控力。在面对高危情景方面，社工先帮助服务对象觉察何种情境下会发生吸毒行为，通过让服务对象做"毒品心思思日记"，让服务对象更加了解自己滥用药品的模式，引导其觉察什么情况下容易有吸食冲动，并利用服务对象能抑制吸毒冲动的成功经验强化其有效的应对方式。另外，社工也会与服务对象进行预防复吸训练，模拟情景来帮助服务对象懂得及时控制冲动的技巧，发展并鼓励其探索处理问题的其他方法。在家庭方面，社工与服务对象家人定期沟通，缓和家人的焦虑情绪，鼓励父母给予服务对象适当的关心，并让他们明白哪些话语是对服务对象有积极作用的，而哪些只有负面效果。在留意到服务对象因受毒品的影响而出现胃痛和尿频的现

象时，社工及时向其家人反馈并鼓励他们适当陪伴和及时就医，既帮助服务对象缓解了身体不适，也促进了其家人间的亲密互动。

其间，服务对象出现过一次偶吸的情况。社工一边保持耐心重新与服务对象检视问题所在，并继续尝试其他有效的提醒方式，一边征得服务对象同意将偶吸情况告知司法所及家人，继续以外力帮助服务对象控制行为。同时，服务对象为摆脱自己无聊的生活状态，开始进入一些没有吸毒、犯罪行为的朋友圈子，既打发了时间，也让这些朋友时刻提醒自己。

3. 巩固成效，增加安全保护因素

服务对象对毒品的认知逐渐得到调整，尿检结果一直保持阴性，对于应对毒品的诱惑表现得信心满满，且能自主地联想起吸毒、犯事等带来的可怕后果和对身边人的影响。社工时而会与服务对象讨论其身边所知的违法犯罪之事，不断锻炼服务对象的反思能力，并通过一起分析以拓宽服务对象的视野，激发服务对象的内在改变动机，来帮助其巩固不重犯不复吸的成果。服务对象进入实习阶段，社工帮助其适应工作环境及与同事的相处，引导服务对象感受实习的好处，如认识到新朋友、充实生活、可顺利毕业、自己赚钱的满足感，不断地鼓励服务对象坚持工作。社工再次组织家庭面谈，引导家人回顾服务对象的变化和成长，以及家庭成员一起作出的努力，既肯定了积极成果，也让家人说出了对服务对象的欣赏和赞许，鼓励家庭成员互相表达想法，服务对象与家人的联结也愈加紧密。

（五）成效评估

服务对象的行为规范、守法意识得到建立。服务对象端正了遵守矫正规定的态度，懂得规范自己的行为，逐渐远离重犯的危机。社工对服务对象正向的行为加以肯定和赞许，培育了其守时、"有交代"、懂礼貌等特质。服务对象顺利地解矫，并主动向社工和司法所写了感谢信表达感恩之情。

服务对象的涉毒情况得到控制。服务对象数月的尿检结果保持着阴性，对不吸食毒品的自控力、内在动机、不良后果的反思都有大大的提升。他已懂得辨识会令自己陷入危机的情况，能通过对毒品负面影响的认识时刻警醒自己要克制，且找到其他方法帮助自己缓解不良情绪。在身体方面，因吸食毒品所引起的胃痛、尿频等现象已经得到改善。

服务对象顺利复学，并已进入实习阶段。工作后的服务对象感觉生活变得充实，喜欢这样规律、不无聊的生活安排，同时也因工作而体会到家人赚钱之艰辛。现在的服务对象已不再是散漫无目的的状态，其抱着要顺利毕业拿到毕业证、延长实习期、找份稳定工作的目标，逐渐变得成熟。

对于会出现违法犯罪行为的人，服务对象感到没有意思和很幼稚，因此已不再认同这类朋友的做法而逐渐远离他们。服务对象现在有固定的正向朋友圈子，会一起进行骑车、游泳、CS 等户外活动。

服务对象家里不再呈现出之前冷漠的气氛，而是大家有着自然且良性的互动和交流。服务对象会向母亲倾谈自己之后的工作计划，父亲也关心服务对象的生活、工作情况，而哥哥更会到服务对象工作的地方探望，服务对象与家人的关系越来越亲密。

（六）专业反思

在跟进服务对象的过程中，其变化总能让社工感到开心，也总能鼓励着社工继续开展服务，但是在抱有这样的喜悦的同时，我们要时刻保持着对服务对象的敏感度、警惕心。这并不是对服务对象的不信任，而是一方面让服务对象感受到社工细致的关注和关怀；另一方面能帮助服务对象及早发现问题并控制可能出现的负面事态的严重性。

从事重点青少年服务，我们需要接受这样一个多变的阶段，并且紧紧抓住该时机，这或许就是你与服务对象关系上的突破点，也是服务对象能变得更好的突破点。因此，当发现服务对象出现状况时，不要就此推翻社工与服务对象一起所付出的努力，不要气馁，其实这只是服务对象告知社工可以继续努力的方向。我们要做的是重新审视服务对象目前的状况，调整计划进而与服务对象一起尝试更有效更适合的介入方式。

在跟进个案中，社工也会有不知所措的时候，从而带来更多的应对技巧、介入工具、辅导方式的新尝试。社会工作就是这样一个需要不断更新自己、慢慢积累经验的工作。同时，我们可以看到，当青少年的想法一旦有了改变，随之的生活、社交、娱乐也会发生翻天覆地的变化，青少年多变的特点亦在于此。因此，运用我们学到的专业知识，让这些微小的正向改变就像"滚雪球"般越来越大，帮助服务对象走出昔日阴暗的生活，最终他们会在阳光下健康成长！

三、社区矫正青少年案例

案例5　信任带来改变

——未成年人社区矫正个案辅导

马婉怡[①]

（一）案例背景

毕某（化名），男，17 岁，在 15 岁时因故意伤害罪被判 1 年 9 个月社区矫正，目前从事仓库搬运工作，但于今年 6 月被人寻仇伤及手指，已在家休养了 2 个月。服务对象和父母、哥哥、妹妹同住，平常会与家人聊天沟通，也自从犯事之后开始懂得关心父母，家里人开店做小生意，有稳定的收入来源。

（二）预估分析

1. 重犯危机评估

服务对象朋友的朋友发生事端，服务对象帮忙一起去看看情况，而在酒精的作用下相互挑衅发生了持械伤人事件，这是导致犯罪的主因；服务对象在喝酒后控制不了自己的行为，并在伤人过程中无法意识其严重性，这构成了其犯罪的诱因。

在与服务对象进行犯罪回顾时，服务对象并不能以开放的态度倾谈，而其在平时生活中也会回避想起当时情况，服务对象自觉那并非光彩的事

---

① 马婉怡，曾为广州市启创社会工作服务中心资深社工，中级社工师。专注于青少年涉毒、社区矫正领域 4 年半，熟练运用人性化认知行为治疗手法，在个案辅导、服务设计、实务工作总结等方面有丰富的经验。主要实务及研究方向：社区矫正社会工作、青少年社会工作、认知行为治疗手法。

情。而谈及对案件的反思感受以及家人的心情、反应时，服务对象更是不愿表达，也不知如何去表达。服务对象认为烦恼的事情自己消化和处理就好，因而不习惯表露自己的内心感受。

2. 成长经历评估

服务对象自小随父母来到广州，读初中时，因听不懂老师讲的内容而不想继续上学，辍学后便进入社会工作，从此服务对象与社会朋友接触更多。

3. 社交娱乐评估

服务对象通过身边的朋友认识了更多社会上的朋友，其上班时间为晚上至凌晨，白天打发时间以与朋友在士多聊天、打桌球、唱K娱乐为主，时而泡酒吧。服务对象所去的娱乐场所经常发生吵架、打架等事情，这也是其可能再犯罪的高危场所。

4. 目前情况

服务对象右手手指伤及神经，恢复缓慢并一直处于无力状态，现生活不便且无法工作，因此服务对象这段时间甚感烦躁，容易发脾气。服务对象的工作需要搬运重物，而手部伤给服务对象的工作带来不便，服务对象感到郁闷并有换工作的计划，服务对象对自己的未来感到迷惘。服务对象的感情状况也是其烦恼的来源之一，服务对象与女友恋爱一年多，但是女友与服务对象身边都不乏异性追求者。两人经常因为这些事情吵架，火暴的脾气更是愈演愈烈。服务对象表现出厌倦，但是当女友找他和好时，想到女友没人照顾便心软了，和好不久两人的矛盾又再次出现。

（三）服务目标及计划

目标1：发展避免重犯的认知和能力

计划：通过与服务对象进行案件回顾来引导其思考打架的代价及相关受害人，促使服务对象反思自己的错误行为；协助服务对象找到可能导致再犯罪的原因和场景，并引导其多方面思考重犯可能产生的后果和危害，从认知上调整想法以避免重犯。

目标2：协助服务对象找到自己感兴趣的工作方向

计划：与服务对象探讨对未来产生迷惘的原因；提供不同的就业课程和信息，鼓励服务对象多参与尝试。

目标3：发展健康的社交活动，使其能减少接触容易发生事端的高危场所

计划：每个月向服务对象推荐正向的青少年活动，让其感受到与现在不一样的社交生活。

目标4：恰当认知

计划：帮助服务对象找到自己舒服的表达方式，让其能更好地说出自己的内在感受。

（四）服务计划实施过程

1. 第一次面谈

服务对象与朋友一起，社工与他们在"士多"初次面谈。社工向服务对象澄清跟进的工作内容及方式，服务对象并没有抗拒，并一起一边喝汽水一边聊着他的日常生活。社工并没有拒绝服务对象与朋友一同面谈，也就在轻松的氛围下与服务对象建立起了初步的关系。服务对象在和朋友一起的聊天当中，谈及了自己犯事的经历，深感不甚光彩，也担心会被收监。社工开始对服务对象有了初步的印象。谈话结束时，社工与服务对象约定了下次见面的时间。

2. 第二次面谈

在见面前，服务对象打算带上朋友一同见社工。经过社工的了解，服务对象主要是担心面对不熟悉的人会尴尬，经再次澄清见面目的，社工与服务对象开始第一次的单独面谈。面谈过程中，社工一边对服务对象进行评估，一边与其进行犯罪回顾，感受到其对犯错的懊悔，并知道他现在更多的是考虑未来的事情和陪伴家人，以及感情事宜。同时，社工发现服务对象不善于情感表达，较少向人透露自己的内心感受，即使面对的是朋友、女友和家人。遇到不开心的事情也习惯自我思考和解决，社工鼓励其之后慢慢突破自己。

3. 第三次面谈

在面谈前，服务对象通过电话向社工倾诉烦恼。而社工就此在面谈中展开了话题。服务对象看见自己的手指就显得一脸烦躁，社工指出手伤是其目前最为烦恼的事情，随后服务对象便主动告知社工他最近的脾气变得更差了。社工与服务对象进行"五常法"训练，让其觉察自己的情绪是出于何种认知，并一起探索替代的想法和方法以缓解烦躁。在服务对象向社工说出手受伤的经过时，社工指出其对该经历的"后怕"情绪，也慢慢引导其思考出现该情况的原因，帮助服务对象觉察相关的危险场景。而在谈到服务对象朋友的时候，服务对象表示过去错误地选择了只能一同玩乐的朋友，透露出希望认识一些新朋友的想法。最后，社工针对服务对象目前最大的苦恼鼓励其去复诊手伤。

（五）成效评估

服务对象对于社矫期的规定接受意愿低，因此在刚开始接受社工服务期间表现得并不积极主动。然而服务对象在后期与社工的接触中建立起信任的关系，虽然面谈频次并不稳定，但社工能通过电话与服务对象取得联系和交谈。

因为社区矫正特赦，社工没有机会进一步做介入工作，完成了部分目标。

首先，社工与服务对象完成了犯罪回顾，使其对犯错的代价、带来的伤害有了反思，并察觉到自己的错误行为。

其次，让服务对象觉察了自己犯错的原因，通过角色演练来帮助服务对象应对高危场景，预防再犯罪的发生。

再次，通过"五常法"使服务对象明白自己暴躁的行为源于内心的想法，提升了其控制情绪的能力。

最后，与服务对象信任关系的建立虽进展较缓慢，但最终信任还是建立起来了，服务对象在结案回顾中表示与社工的交谈是开心的、深刻的，也从中知道自己有体贴人、能为未来作打算、有责任感等特质。在结案安排上，社工鼓励服务对象有需要时可继续向社工求助。

（六）专业反思

社工跟进个案虽然只是短短的几个月，却令社工看到和感受到很多。

服务对象虽然曾经犯罪，在外界看来是不好的，但其实终究也只是个十几岁的少年，也许经过教育会变得收敛和成熟。

服务对象的心特别敏感，会通过社工跟自己的相处方式、回应是否及时来感受社工给出的关怀。社工不知道如果没有及时回复服务对象的电话，如今的他是否还能主动地向社工表达自己的感受，但是社工第一时间回复了电话，听到了服务对象面临的苦恼和烦心事。

社矫青少年能与社工自然地面谈，更多是基于已建立的信任关系，善于通过他们平常用的聊天工具、话题、关注的东西来互动交流，可以更好地渗透到他们的生活当中，也能让服务对象与社工更为亲近和信任。本个案最后两次的面谈结束，总能听到服务对象跟社工说："我们下次再聊。"

每个犯了罪的社矫青少年总有一些共同的特点，也许是辍学、也许是叛逆、也许是喜欢流连在外、也许是损友成群、也许是简单天真。但是一旦他们的想法有所改变，随之的生活、社交、娱乐也会很快发生变化。

案例 6　生命无 Take Two，选择有 Take Three
——未成年人社矫个案辅导

卢君婷[①]

（一）案例背景

阿启（化名），男，20 岁，身型比较高瘦，有多处文身，有文眉，穿着比较时尚，有吸烟的习惯。16 岁时因接连两次用刀砍伤他人，被抓捕归案，判三年社区矫正。

---

① 卢君婷，广州市启创社会工作服务中心项目副主任，助理社工师。从事青少年事务社会工作 8 年，在一线服务、项目运营管理、服务设计和总结等方面有丰富的经验。主要实务及研究方向：青少年社会工作、社区青少年服务、预防青少年违法犯罪服务、青少年禁毒服务、心理健康服务。

阿启有一个姐姐，爸爸因肺炎离世，对此全家人还有很大的心理压力。阿启妈妈对儿子的情况比较紧张，害怕"义气"会让儿子再次出事。

在司法所和阿启妈妈的口中，阿启是因为"义气"、无知犯下罪行，但阿启会用"做傻事"来形容。与阿启面谈，阿启 16 岁前的生活堪比中国香港"古惑仔"，这是阿启"引以为傲"的第一种生活。而 16 岁被抓捕到社矫三年间，阿启觉得是在过第二种生活，但他非常庆幸因被捕而停止了第一种生活的疯狂。而阿启希望探索，选择是否有"Take Three"（第三种生活）。

（二）预估分析

依据人本主义综合型认知行为理论，阿启之所以会年少犯法，是因为其认知出现了问题。在认知上，阿启在犯法之前接触了社会不良群体，由于缺少正确的引导，他沾染了社会不良群体的习气，认为"自由"、"刺激"和"威（被人看得起）"都很重要，也愿意游走在违法的边缘地带。

依据社会支持理论，绝大部分青少年违法犯罪之后，从他们被判社矫回归社区的那一刻开始，就意味着他失去了之前在生活中常用的大部分"资源"，如朋友、公司和客户等。在本案例中，阿启也在面谈中提及，他也遗憾地失去了第一种生活的"资源"。但从另一个角度来说，绝大部分青少年犯法个案中，以前的朋友、公司和客户等都可能是危机因子，这些都会影响青少年在社矫期的改变程度和动机。因此，社工需要为青少年社区矫正个案建立更多正向的社会支持网络。

依据生涯规划理论，阿启所处的是人生的探索阶段（15～24 岁），主要任务是通过学校学习进行自我考察、角色鉴定和职业探索，完成择业及初步就业。但因为被捕和被判社区矫正，影响了青少年就学和就业的节奏，会出现辍学、休学和失业等情况。稳定的就学、就业状态有利于青少年度过整个社区矫正时期。

（三）服务目标及计划

1. 服务目标

在预防违法犯罪方面，要协助阿启平安度过社矫期，做好阿启和司法所之间的沟通桥梁；加强阿启的守法意识，提升避免重犯的认知和能力。

在休闲娱乐方面，支持和鼓励阿启多参与有意义的活动，参与更多的社会志愿者服务。

在社会支持网络方面，协助阿启发掘身边正向支持网络，巩固其正向保护因子。

在生涯规划方面，鼓励阿启继续坚持完成学业，需要平衡他的期待与能力，与阿启共同寻找适合其成长的生活模式。

2. 服务计划

在社矫方面，一方面通过认知行为理论，理解阿启行为背后的意义，然后通过发掘动机去提升其守法意识和防止再犯的意识；另一方面，让阿启理解社矫意义，愿意配合司法所完成"两个八小时"的要求。

通过面谈和推荐活动与阿启建立关系，着重推荐适合阿启需求的活动。

在社会支持网络方面，探索阿启身边的支持网络，定期了解其家庭和朋友的状况，以便及时梳理其正向保护网络。

在生涯规划方面，一方面，鼓励阿启坚持学业，取得毕业证；另一方面，共同探索第三种生活模式。

（四）服务计划实施过程

1. 建立关系阶段

（1）第一次面谈，初步建立关系。社工与阿启是在司法所第一次见面。由于社工与司法所人员提前沟通过，社工分别与阿启妈妈和阿启展开了短时间的面谈。其间，一方面缓解了阿启妈妈的情绪，同时也了解阿启妈妈的期待；另一方面，社工与阿启澄清了双方的关系，并相约下次面谈的时间。

（2）正式面谈，逐渐深入了解阿启的生活状态和成长历程。社工与阿启围绕"问题发展"、"人生历史"和"家庭历史"三个维度进行面谈评估。阿启也坦言，他希望生活在现在的生活（第二种生活）和之前的生活（第一种生活）之间，但又害怕自己会再犯法。社工一方面同理他的担心，敦促他不要再让自己进看守所；另一方面也鼓励他并与他一起探索第三种生活的可能性。

除此之外，社工主动申请去阿启家家访，以便了解阿启的家庭网络和经历。在面谈和家访中，社工慢慢梳理了阿启的生命线故事，这样更有利于后续的跟进。

2. 关系转折阶段

第一个转折在于，阿启开始相信社工的开放态度。在这期间，社工是一个陪伴和倾听者的角色，因此他愿意与社工表达更多内在的想法。

第二个转折在于，阿启开始发现社工与司法所人员的定位不同。刚开始时，阿启会出现迟到和迟交思想汇报的情况，司法所人员直接打电话咨询阿启最近的表现，并表示可能给予处分。随即社工一方面了解司法所的态度，介绍阿启最近的转变。另一方面用案例分享，提升他的遵纪守法意识。在此期间，社工会适时提醒阿启遵守社矫制度，不要让自己被扣"冤枉"分。

第三个转折在于，阿启开始参与社工组织的活动。作为阿启与司法所的桥梁，社工会协助阿启告知司法所他希望参与的活动，同时也鼓励阿启尝试自主地与司法所沟通。公益徒步、室外攀岩等，这些都不同于阿启以往接触的活动，更具活力和挑战性，而且会有不一样的收获！最重要的是阿启能和朋友一起参与，能认识更多朋友。

这些转折都使社工与阿启进一步了解了彼此的定位，建立了更进一步的关系，为更进一步的辅导做好铺垫。

3. 再次评估阶段

运用计划与跟进表，社工与阿启一起回顾了以往发生的事情。阿启认为从中了解了更多守法常识，同时也表示愿意参加社工推荐的健康而有意义的社交活动。

此外，社工协助阿启梳理对第三种生活的认识。阿启反映这两年相比于其他朋友，他觉得自己无论在资源上还是在机会上落后了很多，因此阿启比较苦恼，在工作和文凭的天平之间游走。

4. 正向回馈阶段

社工一直保持对阿启的跟进，从个人、家庭、司法所等方面收集阿启的改变和各方对阿启看法的转变，从而更加肯定阿启的成长。

5. 持续跟进阶段

在社矫的后期，社工继续协助阿启厘清他所面对的问题，结合现在的资源与能力作出选择。当社工再次问及阿启的意向时，他表示现阶段还是偏向于坚持学业，在工作上也已经初步有想法，变得踏实的他希望找有提成的工作。社工肯定阿启的想法，并鼓励他付诸实践，探索这些选择能否成为他的第三种理想生活。

在司法所的邀请下，社工出席了阿启的解矫仪式。阿启与社工分享，自己在社矫期学会了如何积极正向面对生活，同时他发现自己对司法所的态度有了转变，并且认同社工的态度和服务。至于未来，阿启会准备实习与升学的事情，但期望可以继续参加海珠区"青年地带"预青项目的活动，并成为志愿者。

最后，阿启写了一句话送给自己："希望我可以早日发财、身体健康、长命百岁、万事如意、心想事成。"社工回应阿启："保持善良，活得自在，用适当的方式选择自己的未来。"

（五）成效评估

在整个个案中，社工注重预估、过程评估、总结回顾相结合，运用的评估方式主要是观察法和访谈法。

在预防违法犯罪问题上，阿启已经顺利解矫，同时对社矫和司法机构有了正向的认识。阿启一开始会抵触司法所，与司法所偶尔会有冲突，因迟到和迟交思想汇报而被处分。在社工的介入及陪伴下，后来他能够主动和司法所沟通，积极参加社区公益活动，完成"两个八小时"的安排，并顺利解矫。

在巩固其正向支持网络上，社工协助阿启巩固了家庭支持网络，家庭关系稳定。在一次志愿服务的回顾中，阿启分享他明白需要更珍惜自己的生活，现在的是最好的自己。同时他更加明白小时候父母为何会对自己那么好，提醒自己要感恩自己的父母。在朋辈支持网络上，社工提供正向活动让阿启与朋友参加，其间阿启还认识了新朋友。在社会非正式支持网络中，社工发挥司法所和社工机构的作用，协助阿启顺利度过社矫期。

在生涯规划方向上，社工协助阿启进一步清晰自己的生活选择方向，并且愿意选择坚持学业，并较为务实地选择未来职业方向。

（六）专业反思

1. 对服务计划实施的反思

在青少年社矫的个案中，经社工总结，有几个阶段需要特别关注和做好准备：关系建立、关系转折、阶段评估、正向反馈和持续跟进，这五方面相辅相成，缺一不可。

在关系建立上，社工可以通过司法所接触青少年，但同时要把握好"度"，让服务对象清晰社工与司法所的定位，切忌让其混淆两者的概念。

关系转折，是一个重要的时期，社工要以开放和接纳的态度多聆听服务对象，推荐更适合的活动让服务对象参加。

在持续跟进方面，社矫期和个案进程往往出现时间差，解矫后许多青少年会缺乏与社工面谈的动机。因此社工需要更好地与服务对象规划个案目标与计划，争取在有限的社矫期收获最佳的效果。

2. 对服务理论的反思

运用人本主义综合型认知行为理论作为理论基础，社会支持理论和生涯阶段理论作辅，这样的组合能更好地从服务对象各方面去剖析其认知和行为，更好地促进辅导的进程。

同时，在社矫青少年的案例中运用人本主义综合型认知行为理论，能更明确其违法背后的动机，从中提取"保护因子"和"危机因子"，更有利于预防青少年再次违法犯罪。

从社会支持和生涯阶段分析，让社工不仅仅着眼于社矫青少年预防违法犯罪，还能关注促进青少年正向的转变因素，更有利于社矫青少年真正回归社会，正向成长。

四、权益受侵害青少年案例

案例7　七岁男孩的"重生"之旅
——遭受恶性刑事伤害个案辅导

卢葆棋[①]

（一）案例背景

服务对象7岁，男，来自湖北，与父母以及9岁的哥哥一起租住于H区内。上学路上右手腕被砍断案件中的受害人，当时轰动全城的断肢在案发后4个多小时才被找到并送往医院，服务对象的手腕得以成功接活。

服务对象共进行了3次大型手术，住院达4个月才得以回校继续学业，而第一年是他复健的关键年，每天都得去医院接受复健治疗。服务对象的父母原经营布匹生意，服务对象出事后，为了筹集治疗经费，不得不四处向亲朋好友借款，把店铺变卖，全职照顾服务对象达半年。服务对象的复健费用相当昂贵，治疗及复健费用让家庭经济的压力相当大。在案件开庭判决的过程中，服务对象也很需要得到法律援助。

（二）预估分析

1. 个人身体与心理层面

（1）个人身体。服务对象被评定为八级伤残，右手只有尾指有触觉并能自主运动。目前仍需要每天到医院复健治疗，身体需要持续遭受疼痛的煎熬。

（2）个人心理。经过医院的心理测评，服务对象存在创伤后应激障碍症状，有焦虑、恐慌、大哭、无助、易发脾气且自信心不足等表现，需要重构对于环境与人的信任，发掘并发展自身优势，提升自信心。

---

① 卢葆棋，广州市启创社会工作服务中心服务主任，中级社工师。从事青少年事务社会工作8年，在性与性别、精神健康、预防违法犯罪、危机介入等主题的一线服务方面有丰富的经验。主要实务及研究方向：青少年社会工作、性与性别服务、精神健康服务、预防违法犯罪服务、危机介入服务。

2. 家庭层面

（1）家庭经济。事发后，父母均停业照料孩子以及四处筹集医疗费用。为应对高昂的治疗费用，他们变卖资产并向身边的亲戚朋友借款，加上各部门提供的紧急经济援助金才勉强凑齐手术费。但后续高昂的复健费用、出租屋每月的租金、服务对象及其哥哥在民办学校每学期接近8000元的学费等，让这个家庭压力巨大。

（2）家庭成员的心理及角色功能的发挥。医院检测结果显示，服务对象父母均因此事患上了中度抑郁和焦虑症，其哥哥同样出现创伤后应激障碍症状。服务对象父亲病发时难以工作和照顾家庭，连出门都相当困难，更因经济的困境、家庭照顾的压力、面对服务对象手部伤残的现状而与家人产生矛盾，把愤怒和伤痛的情绪都发泄在服务对象与哥哥身上，父母的角色功能未能正常发挥。

此外，服务对象的父亲对施害者感到相当愤怒，甚至不理性地认为要杀掉施害者、放火烧掉施害者的家人才能复仇。

3. 社会层面

（1）社会舆论对服务对象家庭造成压力。事发后，记者们争先恐后地包围病房和手术室，试图让服务对象母亲接受采访，不断向她询问案发的细节和原因，让她感到相当恐惧和难以接受。而随后公安部门作了案件通报，坊间得悉事件的起因与服务对象父亲的债务纠纷有关后，网上有众多谴责服务对象父母的言论，更有不少街坊议论犯罪者是否仍有同伙将继续伤害服务对象的家人，让服务对象整个家庭都感到相当惶恐、焦虑、委屈和难过。

（2）面对司法进程，服务对象父母感到迷惘。服务对象的父母除了接受公安部门的笔录和取证外，不清楚接下来有哪些司法程序，对犯罪者的控罪、判决和赔偿，对于服务对象个人权益的维护路径等都感到相当迷惘。

（三）服务目标及计划

1. 服务目标

陪伴服务对象及其家庭应对案件的司法进程，让服务对象的复健及家庭生活得到支持，减轻家庭压力。

协助服务对象缓解创伤后应激障碍症状，协助其重建对于环境及人的安全感。鼓励服务对象积极复健及提升其自我效能感。帮助服务对象及其哥哥身心得以放松，发展人际交往的能力。促进家庭的正向管教，为服务对象的复健及正向发展提供支持。

2. 服务计划

社会资源的链接层面，通过定期参与由相关部门召开的联席会议、及时的线上反馈与讨论等促进各部门了解服务对象一家的境况与需要。同时协助服务对象及其父母明白不同部门及资源的角色与功能，切实维护自身权益及促进彼此的配合，维护社会的稳定。同时协助服务对象向相关部门、基金会组织、企业等申请经济和物质援助，让服务对象家庭的经济压力得以缓解并感受到社会的关爱。

个人及家庭层面，通过协助服务对象及家人重构对于事件的认知，调整非理性的信念和想法，缓解创伤后应激障碍症状，重建对于环境及人的安全感，树立合法解决问题的价值观。同时，协助服务对象手部功能复健，发掘其个人优势，协助其订立有意义的生活与学习发展目标，并为服务对象提供课业支援，提升其社交能力。

（四）服务计划实施过程

1. 建立关系，让服务对象明白社工的作用

前期，社工在广州市检察院未检办组织的个案联席会议上，向服务对象的父母派发宣传品，让他们明白社工的角色和功能以及服务的形式，同时了解服务对象及家庭的现状和需要，设计适合他们的服务。

其后，社工通过连续且稳定地到医院的复健陪同，与服务对象共同经历复健的痛楚和煎熬，在此过程中，通过带给他喜欢的小糕点、陪同观看他喜欢的卡通片、陪他打单机游戏等，转移其注意力，及时为其提供鼓励、赞赏和支持。

2. 协助服务对象重整对于"伤害"的认识

社工第一次到服务对象家里，是参加服务对象的生日会。当天，社工

为服务对象准备了他心心念念的遥控车和一封鼓励信作为生日礼物。在信上，社工记录了与服务对象建立关系的点滴并向其普及创伤后应激障碍的症状知识和应对方法，引导他做自己喜欢的事情，转移注意力。同时赞赏他的勇敢，鼓励他积极接受复健，争取获得良好的复健效果。

其后，服务对象的妈妈也逐渐建立起对于社工的信任，在医院陪同复健期间，主动向社工分享案发经过，包括她当时的脑海是如何一片空白，全身僵直麻木且无法面对事件。社工引导服务对象母亲发掘在案发时及之后为其提供支持的人、部门，向其普及创伤后应激障碍的症状，引导其体察事件发生时和发生后的相关症状，这些症状为身体情绪等带来的反应，协助其掌握舒缓的方法，降低其内疚感和无力感。

服务对象也从回避母亲回顾案发经过变为留下来，认真地观察并聆听社工与妈妈的对话。在此过程中，服务对象能观察到妈妈情绪和认知的转变。他还主动给予妈妈拥抱。社工也让服务对象及其家人认识到，犯罪者已被绳之以法，会受到检控并需要为自己所犯的罪负责。

3. 树立合法解决问题的价值观，调整家庭管教方式

服务对象的父亲有通过武力复仇、逃避面对事件并推卸责任到妻子身上等非理性信念，在沟通上更有无法控制愤怒和自责的情绪，粗暴地责备妻子和孩子。社工向其普及创伤后应激障碍的症状，强调他对于家庭的重要性，协助其理性分析武力复仇的不良后果和代价，协助其树立合法解决问题的意识。同时，引导其尝试体察自己愤怒和难过时的身心反应，并在向家人动怒前及时"喊停"自己，通过外出冷静的方式调整自己的情绪，待自己情绪舒缓后再表达自己的想法，寻求沟通。

社工也让服务对象父母多关心和陪伴服务对象，明白服务对象目前的身心状态和需要，看到服务对象坚持复健的进步，协助其树立自信。

4. 注入复健希望，帮助服务对象发掘优势并提升自信

服务对象曾因为右手的功能恢复缓慢，未能适应运用左手应对生活所需而常发脾气，甚至曾辱骂母亲，趴在地上吃掉落在地面的饭粒，愤怒地乱涂画自己的作业本，用铅笔伤害母亲致母亲手部流血……还因为害怕手部伤疤被同学看到而不愿展露自己的右手，导致右肩发生变形。社工转变

介入的策略，先让服务对象母亲明白服务对象的现状和所需，一起帮助服务对象调整认知，明白疤痕是很正常的，很多人身上都有疤痕，这个疤痕更是印证其坚强和勇敢的勋章。社工进一步让服务对象明白，当前手部功能的缺失是暂时性的，经过长期的复健，是有机会让手部功能有更大的恢复的。同时，但凡服务对象能进行的生活操作，其妈妈也会让其自行解决。社工、服务对象妈妈和老师都积极赞赏服务对象的进步。

除了关注服务对象手部的功能恢复，为其注入复健希望外，社工让服务对象尝试订立学习目标，在其达到目标后就给予玩具或书籍作为奖励，还为服务对象提供志愿课业辅导，大大地提升了他的学习动力。

5. 鼓励服务对象外出参与活动，重建对于环境与人的安全感

服务对象和哥哥除了每周都能与到访的大学生志愿者一起玩游戏外，社工更鼓励服务对象的父母多带服务对象外出参与活动。社工曾邀请服务对象与妈妈、表弟等一起到站点参与中秋节月饼制作活动，也曾陪同服务对象及哥哥、妈妈等一起游览黄埔古港，从中发现服务对象很喜欢大自然，更享受抓螃蟹和抓鱼的过程。

6. 陪同服务对象家人面对司法进程，促进对相关部门的理解和配合

社工定期参与广州市检察院未检办组织的个案联席会议，日常也会及时在线上向相关领导反馈服务对象及其家庭的最新情况。协助服务对象父母与广州市检察院未检办、广州市中级人民法院的法官、法援律师等作司法沟通，促进彼此的理解及让相关文件资料的准备更为迅速和及时。经服务对象父母的同意，社工更代替他们出席案件庭审，促进服务对象父母配合司法工作，维护自身权益。

7. 协助服务对象成功获得基金会的经济援助和国家司法救助

社工在介入初期便迅速联系"天祥关爱"基金，为服务对象成功申请了经济援助。随后，服务对象由于家里缺乏经济支持而导致手部复健暂停长达数月，致使手部出现变形。社工向广州市检察院未检办的领导持续反映情况，申请司法救助，其中一部分救助款直接打到服务对象复健的医院，重启复健。

（五）成效评估

1. 多方联动的服务模式得到最高检、团中央及广东省人民检察院认可

本个案由广州市检察院未检办整理撰写，以《链接多方力量 综合救助受侵害的未成年人》为题，成为 2019 年最高检和团中央共同发布的未成年人检察社会支持体系建设工作十大典型案例中的首个案例，同时也成为 2019 年《广东未成年人检察工作白皮书》所列的十大案例之一。

2. 服务前后的观察

在个案的初、中期，服务对象对环境以及陌生人是高度警觉的，面对陌生人会感到不悦，更会躲起来和发脾气，也不敢独自外出，在家里的时候一旦视线范围内看不到父母就会大哭和焦虑。

但随着服务的深入，服务对象的手部能得到适切的复健治疗，手部功能恢复情况良好且疤痕消退。他逐渐适应用左手应对生活所需，更能在志愿者面前用左手写作业、积极发问，主动与志愿者玩游戏，成绩在班里名列前茅，愿意在社工和家人的陪同下外出参与活动。而他目前无论白天还是晚上，都能独自或与哥哥一起到社区和小伙伴一起玩耍，还带小伙伴回家里玩。其心情也更为愉悦了。对于案件，他通过聆听社工与妈妈重新回顾案发过程，也能发掘当中正向的人与环境，并得知犯罪者已绳之以法，他能以"活该"去表达自己的愤怒，认知得以调整。由此可评估服务对象的身心、社交都得到正向的发展。

3. 服务对象及家人的服务反馈

服务对象的妈妈多次向社工反馈，有了社工的介入，才能让她慢慢尝试"走"出来，社工能协助她舒缓对于案件的内疚和愤怒、难过，让创伤后应激障碍症状得以缓解，并学习在面对丈夫的责备时保障自身安全，也帮助她重燃对于生活的希望。服务对象的父亲经常感谢社工的陪伴，感谢社工协助他们与相关部门沟通并申请经济援助，协助他继续跟进案件的审判执行。服务对象与哥哥则反馈目前他们比之前更加开心，在校内和社区内都有更多朋友一起玩耍。由此可见，社工的介入让服务对象家庭的功能得到正向的调整。

（六）专业反思

1. 积极发挥个案联席会议的作用

及时向公权力部门与基层部门反馈个案的情况，让危机个案的需要及时得到关注和回应，利于个案正向发展及对于风险的把控。

对于本个案，由于涉及刑事伤害，服务对象的权益严重受侵，身体也遭受了不可逆转的伤害，其家人有着不理性的复仇心理和言语。社工需要及时向公权力部门及基层的部门反馈个案的情况，让服务对象的状况和需要及时得到关注和回应是相当重要的。社工在此过程中起到了重要的缓冲作用，这不但有利于事件向好的方向发展，更有利于把控风险，为维持社会的稳定作出贡献。

2. 社工需要明晰自己在个案当中的角色和使命

切忌在得悉公权力部门的考虑和决策后错位履行公权力部门的职责，直接向服务对象家人传达相关信息。

对于此类个案，社工需要尤为明晰自己的角色和使命，切忌错位履行公权力部门的知会责任，特别是涉及不利的信息方面，不然会导致风险的产生，而社工也无力承担相关责任。

3. 面对高危个案，随着社工需要对风险有综合且严谨的评估

对于高危个案，随着社工的持续跟进，喜见服务对象及家庭的正向转变，而社工与服务对象及其家人也建立了紧密且信任的联结。但同时，服务对象问题的解决往往并非一蹴而就，过程中总会有不如意的地方，他们难免仍有非理性的信念甚至会产生危险的行动。所以，社工需要对服务对象及其家庭的风险有综合且严谨的评估，一旦风险预警信号强，社工可能连自身安全都难以保证时，便需要立刻"暂停或后退"了。而个案辅导的地点则适宜安排在相关部门的场地内，在有相关部门的职员保障安全下才可进行。

案例8 路，一直都在……

——五方联动介入未成年人受侵害事件

梁夏子[①]

（一）案例背景

1. 基本资料

陈Z（化名），女，18岁，湛江人，来自低保家庭。在未成年时她与网友发生性关系导致未婚怀孕，过程涉及非自愿、被殴打及限制人身自由，逃脱后没有立即报案，直到孕肚凸显后被家人发现，才在家人陪同下到派出所报案求助，派出所转介由社工跟进。

服务对象父母在其10岁时离异，父亲长期在广州工作，母亲已在外地重组家庭，基本无联系，服务对象主要由奶奶照顾。服务对象在初中便辍学到广州打工，多从事工资较低、缺乏劳动保障的销售类工作。朋友圈子主要为工作中认识的朋友，与同在广州的父亲及叔叔偶尔有联系。案件发生后，服务对象搬到父亲及叔叔家住，但受疫情影响，服务对象及家人均已失业，家庭经济更加困难。

2. 事件经过

服务对象在17岁时与认识数月的湖南男网友（下称男方）见面，当时双方自愿发生性行为。

几天后服务对象随该男子到湖南，在男方家生活，但一直没有见到该男子的家人。该男子开始控制服务对象，阻止其与他人联系，服务对象感觉不妥，提出离开，但遭对方殴打，并以服务对象家人的安全来要挟服务对象，不让其离开。其间，该男子曾在服务对象非自愿的情况下强行发生性行为，也有殴打服务对象的情况。后来服务对象在该男子妹妹的帮助下逃离，但当时没有报案，而是自行回到广州，后辗转与广州的父亲和叔叔

---

① 梁夏子，中级社工师。从事青少年事务社会工作逾6年，在青少年社矫、禁毒、心理健康及生涯规划服务方面有丰富的经验。

联系上，搬到他们家居住。数月后，服务对象发现自己怀孕，但遭到男方拉黑，服务对象不敢告知家人，直到孕肚凸显被家人发现。家人对于服务对象未婚怀孕的事情很生气，多次要求服务对象搬离家中，或回老家嫁人。但服务对象在广州无其他可提供住宿的家人或朋友，也不愿意回老家，因此家人让服务对象报警求助，自行解决居住及孕期检查费用问题。

（二）预估分析

1. 个人层面

服务对象为未成年人，初中未毕业便辍学打工，文化程度较低，其心智尚未完全成熟，容易受外界诱惑。受家庭缺失的影响，服务对象自小渴望得到关心和爱护，渴望建立属于自己的家庭，但自我保护意识及辨别意识薄弱，不懂得如何保护自身的权益，因此遭受网友欺骗及侵犯。

2. 家庭层面

服务对象家庭为农村的低保家庭，家人文化水平较低，加上服务对象父母离异，母亲与服务对象家庭几乎无联系。父亲长期在广州打工，服务对象的主要照顾者为年迈的奶奶，难以为服务对象提供良好的教育。在发现服务对象未婚怀孕后，奶奶更以风俗为由，要求服务对象搬走或相亲嫁人，父亲和叔叔也难以为服务对象提供经济上的支持，服务对象的家庭支持系统不足。

3. 学校层面

服务对象在初中时便已辍学，与老师及同学基本上无联系。

4. 社会层面

服务对象老家在农村，生活环境较为封建。在服务对象父母离异后，村里人常常对服务对象家庭闲言碎语，服务对象难以忍受而辍学到广州工作，同时服务对象也因为害怕被村里人说闲话，拒绝联系户籍地的救助资源。到广州生活后，服务对象的交友圈基本为工作中认识的朋友，文化程度、经济水平等与服务对象类似，在服务对象未婚怀孕后难以提供经济上及心理上的支持，服务对象的社会支持也很薄弱。

（三）服务目标及计划

1. 服务目标

推动案件的进展，保障服务对象的基本生活及身体健康；协助服务对象清晰未来的生活方向，作出理性选择；协助服务对象清晰案件相关法律，以合法途径维权及追讨赔偿。

2. 服务计划

服务对象的需求涉及未成年人保护、生活救助、医疗保障、法律咨询等多个方面，单靠社工的力量难以提供充足的支援。因此，社工联动政府、家庭及社会等多方资源为服务对象提供包裹式服务。

（四）服务计划实施过程

1. 全面评估服务对象需求，初步协商跟进方向

社工耐心聆听服务对象倾诉自己的家庭情况及事件发生经过，了解服务对象的朋辈关系及社会支持，过程中予以同理及关心，并利用认知行为疗法疏导服务对象对未来的担忧和焦虑，以及对男方的愤恨，引导她更关注自身及孩子的情况，协助服务对象综合考虑实际情况，清晰确定未来的生活方向。服务对象认为自己无力抚养孩子，更倾向进行引产。社工因此与服务对象协商跟进方向为：链接资源获得短期住宿，保障基本生活需求；获得身体检查及后续手术的免费资源或经费支持；咨询法律人士意见，以法律途径向男方追讨赔偿。

2. 链接多方资源合力跟进

社工在了解服务对象情况并清晰需求后，将情况上报至团区委及团市委，并先后联系街道派出所、12355青少年服务台、广州市未保中心、广州市妇联等多个部门进行政策及资源的咨询，也成功争取到服务对象现居住地街道及社工站的共同跟进。另外，社工也将情况上报至广州市未检办，未检办与湖南当地相关部门沟通协调案件的处理。（如表9-1所示）

表 9 – 1　各方资源合作情况表

类型	单位	提供支持
政府	公安机关	案件侦查
	市未检办	与湖南省当地相关部门沟通协调
	市未保中心	链接街道及社工站资源，为服务对象提供帮助
	市妇联	政策及资源咨询
	街道	提供棉被、食物等物资；异地就医政策咨询
	居委会	医保政策咨询
非政府组织	12355 青少年服务台	政策及资源咨询，联动湛江当地资源
	海珠区"青年地带"	以包裹式服务，联动协调多方资源共同跟进；协助服务对象疏导担忧和焦虑的情绪，清晰未来的生活方向
	街道社工站	定期探访；政策咨询
	法律公益机构	法律咨询；协助将情况上报至市未检办
家庭	父亲、叔叔	暂时收留服务对象居住
社会	律师	法律咨询
	市妇幼保健院	就医政策及费用咨询

3. 与服务对象梳理所获资源及信息，支持和陪伴服务对象

社工在联动和协调各方资源的同时，及时向服务对象反馈并征询她的意愿。由于服务对象非广州户籍，难以申请本地的救助及相关资源，只能联系湛江当地资源提供帮助，但服务对象担心自己的信息会被泄露，对生活在老家的家人造成不良影响，坚决不愿意联系湛江当地资源。服务对象怀孕的月份较大，需要尽快进行引产手术以减少对身体的不良影响，社工尝试使用认知行为疗法引导服务对象理性分析目前的情况，鼓励其先解决目前的困难再考虑后续问题，但服务对象依然坚持不联系湛江的资源。社工对此表示尊重和理解，将综合各方意见的跟进建议发给服务对象，由服务对象自行思考并决定后续计划，并让服务对象明白，只要她愿意，社工都会陪在她身边提供支持，增强她的归属感和安全感。服务对象虽然没有当下回复社工，但后期遇到不如意的事情时，都会主动联系社工倾诉，社工也会及时给予情感支持。

4. 清晰未来方向,生活逐渐稳定

在服务对象回到老家生活后,社工依然定期联络、关心她。服务对象向社工坦言很想拥有属于自己的家庭和孩子,因此决定把孩子生下来。服务对象在家人的介绍下正与另一个男生谈恋爱,对方能理解和接纳服务对象的情况,而家人也愿意照顾服务对象并给予经济支持。社工提醒服务对象注意自我保护,避免因渴望家庭的温暖而重蹈覆辙,服务对象表示自己会认真辨别和慎重考虑,现在对未来生活有更为清晰的方向,决定不再追究男方责任,而是享受现在的安稳生活,并得到家人的理解和支持。

(五)成效评估

1. 个人层面

社工利用认知行为疗法协助服务对象疏导因未婚怀孕、求助无门且孤立无援而产生的焦虑、愤恨等负面情绪,引导她感受家人、政府、社工及其他社会力量对她的支持,帮助她重燃对未来生活的希望,同时服务对象对于未来也有初步的方向及计划,有信心通过自己的努力去摆脱目前的困境。

2. 家庭层面

服务对象因为担心社工直接联系家人会遭到他们的反感,一直拒绝社工联系家人。社工调整方向,协助服务对象梳理与家人商议住宿及经济支持的方式,鼓励其主动与家人沟通,服务对象叔叔表示继续收留服务对象。在服务对象答应相亲嫁人后,家人也把服务对象接回家,并给予孕期检查的经济支持,服务对象的家庭支持系统有所增强。

3. 社会层面

社工联动多方资源以包裹式服务共同为服务对象提供支持,如广州市未检办介入跟进案件的处理;12355青少年服务台联动湛江当地资源进行帮扶;白云区石门街道及社工站提供棉被、食物等物资以改善服务对象的生活环境;叶律师为服务对象提供专业法律咨询;等等,同时也鼓励服务对象找寻朋友的帮助与支持,增加服务对象与社会的正向联结,增强保护因子,帮助服务对象顺利回归正常的社会生活。

（六）专业反思

权益受侵害的未成年人个案情况往往复杂多变，社工需要联动公、检、法、司、团等多部门，共同为服务对象提供人性化的包裹式服务。"人性化"意味着社工的工作目标不仅仅是维护受害者的权益和追究侵害者的责任，而是更关注受害者及其家庭的需求，保障他们的心理、生理健康及生活质量，与政府部门相互配合，协助受害者及其家庭寻找最优的解决方案并尊重他们的选择，争取将伤害降到最低，使他们回归正常的社会生活，正向发展。

五、涉案青少年案例

案例 9　守护未来之重燃希望
——合适成年人社会工作服务

鲍庆澜[①]

（一）案例背景

1. 基本资料

服务对象为 16 岁男性，广西壮族自治区来宾市人，被逮捕前处于失学、失业的状态，与父母、两位姐姐及 18 岁怀孕 3 个月的女友同住，父母及姐姐在来宾市打工，女朋友在家养胎，家庭经济条件一般，朋辈圈子以奶茶店认识的诈骗团伙人员为主。

2. 犯罪原因

服务对象休学期间，在来宾市奶茶店认识了诈骗团伙人员李某（化名），因帮李某开银行卡并从中获取诈骗款（一次），被公安机关在广西当地因涉嫌诈骗罪逮捕。但因本案为全国性案件，服务对象于次月被公安机

---

① 鲍庆澜，曾任广州市启创社会工作服务中心站长，助理社工师。从事社会工作服务超 6 年，提供一线服务超过 150 场，提供的咨询及个案辅导超过 80 人，服务青少年超 10000 人次，在青少年社会工作领域，尤其是家庭亲子沟通服务、学校社会工作、边缘青少年服务等方面有丰富的理论与实务经验。

关转介到广州进行讯问。

（二）预估分析

1. 个人层面

服务对象初中未毕业，文化程度较低，没有接受过正规的普法教育，导致其法律意识薄弱。

2. 家庭层面

服务对象与家人的关系较好，会经常与家人交流，家庭保护因子较强，但服务对象父母及姐姐都是小学或初中文化水平，文化程度总体较低，因此无法为其提供良好的法制教育，从而使服务对象轻易被犯罪分子利用。

3. 学校层面

服务对象读初三时因病休学在家，因此有充足的时间流连奶茶铺及游戏机铺等高危场所。服务对象目前处于青春期，有较强的朋辈交往需求，其与不良朋辈结交，受到不良朋辈的负面影响，最终让服务对象走上违法犯罪的道路。

4. 社区层面

服务对象老家在广西来宾市，市内有较多游戏机铺、不良奶茶店、网吧等高危场所，增加了他结识不良朋辈的概率。

（三）服务目标及计划

1. 服务目标

服务对象在讯问期间合法权益得到保障；服务对象与家人恢复联系，增强家庭保护因子；提升服务对象的守法意识及清晰未来生活方向，从而降低再次违法犯罪的概率。

2. 服务计划

社工担任服务对象的合适成年人，保障其在讯问期间的基本权益。

协助服务对象与家人恢复联系，增强与家人的感情；协助服务对象家人清晰公安机关办案流程，缓解对案件的焦虑情绪，定期与服务对象女朋友及照顾者沟通孕期注意事项，保障服务对象女朋友的孕期安全。

协助服务对象清晰未来的发展方向，降低他再次违法犯罪的概率。

协助服务对象学习法律法规知识，提升守法意识；协助服务对象家庭营造良好懂法守法的家庭环境，从而降低他再次违法犯罪的概率。

（四）服务计划实施过程

1. 服务对象合法权益

为保障其在讯问期间的基本权益，社工共担任了四次合适成年人。

初次讯问期间，社工了解了服务对象聘请律师的意愿。因此，社工根据《中华人民共和国未成年人保护法》第五十一条向海珠区法律援助中心了解法援律师情况，最终顺利协助服务对象得到法援律师的支持。在后续的讯问期间，社工保证了服务对象在符合讯问相关法律一般规定的环境下完成讯问，保障了其在讯问期间的合法权益。

2. 获得家庭温暖

看守所监护服务流程办理时间较长，拘留前期，服务对象无法及时与家人取得联系。社工就此在前期的讯问中，向服务对象取得其家人的联系方式，并且通过担任后续三次的合适成年人，为服务对象与家人传递消息，间接恢复双方的联系。过程中，社工协助服务对象及家人清晰看守所监管服务的事宜，教服务对象家人使用"粤省事"软件的监所服务，让服务对象顺利收到汇款，保障其在看守所的正常生活。后续引导服务对象向看守所警官询问与家人通信事宜，最终协助服务对象与家人通过信件恢复联系。

因为是异地办案，服务对象家人无法及时了解案件的信息，出现较严重的焦虑情绪，社工及时向其家人分享公安机关的办案流程信息，并且协助其家人及时了解案件的进度，从而缓解了其家人的负面情绪。

此外，服务对象女朋友属于早孕少女（18 岁怀孕），缺少孕期保健的意识，社工定期与其女朋友及照顾者分享孕期保健知识，并鼓励她们参加来宾市妇联相关活动，从而保障服务对象女友的孕期安全。

3. 增强社会联结

在担任合适成年人期间，社工协助服务对象回顾人生经历，从中启发他在案件结束后学习拖拉机技术，成为一名拖拉机技术人员，好好赚钱报答父母。服务对象社会联结就此增强。

4. 提升守法意识

在担任合适成年人期间，社工鼓励服务对象在看守所图书馆阅读法律书籍，学习法律知识。进入附条件不起诉阶段，社工引导服务对象每月将学习到的新的法律法规知识写入思想汇报中，提升守法意识。

社工协助服务对象家人（父母及女朋友）学习法律法规知识，为服务对象营造良好懂法守法的家庭环境。

（五）成效评估

1. 取得成效

社工介入服务 4 个月后，取得了以下的成效：

社工通过合适成年人监管等方式，保障了服务对象在讯问期间的合法权益；通过协助服务对象及家人清晰监所服务等方式，恢复了服务对象与家人的联系，增强了服务对象的家庭保护因子；通过鼓励服务对象及家人学习法律知识等方式，提升了服务对象及家人的守法意识，降低服务对象再次违法犯罪的概率；通过协助服务对象清晰未来生活方向等方式，增强了服务对象奉献社会的意识。

2. 服务对象现状

服务对象目前处于 6 个月的附条件不起诉阶段，每月定期书写思想汇报给检察院，6 个月后如果没有违反相关条例，可以正式结案。虽然案件还没有结束，但是服务对象对未来充满信心，现在已经在学习拖拉机技术，并且承诺父母及女朋友会赚钱养家，照顾家人。同时，服务对象每月会定期学习法律法规知识，并且记录在每月的思想汇报中，从而努力提升自己的守法意识，避免再次因法律意识淡薄走上违法犯罪的道路。而社工也积极联系来宾市当地的青少年社会工作机构，继续跟进服务对象，最终协助服务对象顺利度过附条件不起诉阶段。

（六）专业反思

在本个案中，社工以合适成年人身份介入，并且以社会控制理论为指导进行服务跟进，不仅保障了服务对象在讯问中的合法权益，同时也增强了服务对象的社会联系，从而有效降低了服务对象再次违法犯罪的概率。

跟进过程中，社工积极为服务对象链接相关资源，鼓励服务对象在看守所阅读法律书籍，社工自己也不断充实法律知识，及时解答服务对象法律方面的疑问。由此，服务对象的守法意识得到了极大提升。

案例 10　牵手青春，未来不迷途
——被拐来穗涉案未成年人合适成年人服务

何玉仪[①]

（一）案例背景

广州市未成年人刑事案件中，非本地户籍未成年人比例较高，30% 的案件存在法定监护人缺失的情况。[②] 结合上诉情况及数据，由专业社会人士担任合适成年人的需求加大。那么接下来就了解一下社会工作是如何开展合适成年人服务的。

阿丽（化名），女，13 岁，户籍江西，被拐骗到广州市 H 区，其间被犯罪团伙非法拘禁并性侵，不堪折磨的阿丽趁犯罪嫌疑人疏忽之时，成功逃出并报警求助。由于阿丽在受到伤害后出现记忆模糊、情绪不稳定及手抖状况，难以配合警察询问。阿丽家庭关系复杂且恶劣，初中时辍学离家从事歌厅陪酒女工作，因害怕父母知道后会被打骂，拒绝向警察提供家属联系方式，家长无法到达现场陪同阿丽接受询问，阿丽存在临时监护的需要，社工紧急对阿丽展开介入。

---

① 何玉仪，曾为广州市启创社会工作服务中心青少年服务一线社工，助理社工师。从事青少年事务社会工作 5 年，在一线服务方面有丰富的经验。主要实务及擅长方向：青少年社会工作、社区青少年服务、生涯规划服务。

② 广州设合适成年人服务中心 参与未成年人案件诉讼［EB/OL］.（2013 - 10 - 09）［2023 - 03 - 05］. https://www.chinanews.com/fz/2013/10 - 09/5356855.shtml.

（二）预估分析

1. 心理状况

阿丽被犯罪分子哄骗来穗受到暴力威胁、非法拘禁及性侵。阿丽存在创伤后应激障碍的症状，记忆模糊，情绪不稳定及手抖，难以顺利进行笔录，维护自身最大的权益。

2. 家庭状况

阿丽来自江西农村家庭，父母均务农，有 7 个同父异母的兄弟姐妹，家庭关系恶劣。据阿丽称家庭管教多以打骂为主，家庭支持薄弱。阿丽对被害后通知家长持拒绝态度，阿丽的监护保障未能实现。

3. 社会交往状况

阿丽初中辍学离家，外出打工。在外与朋友租房，通过在 KTV 卖酒陪酒维持生活，身处环境复杂，存在高危风险。阿丽与学校同学没有联系，多与社会青年接触。

（三）服务目标及计划

1. 服务目标

担任阿丽的合适成年人，保障阿丽在案件询问期间的合法权益；关注涉案未成年人的情绪状况，提供情感支持，缓解及稳定阿丽的情绪，保障阿丽在询问期间的日常照料及临时监护；了解阿丽的人生经历，提升涉案未成年与家庭联系的动力，促进阿丽与家庭取得联系及支持；关注阿丽的以往认知及行为，提升其自我保护能力及风险规避意识，增加涉案未成年人解决问题的能力及面对未来的信心。

2. 服务计划

以合适成年人的身份陪伴阿丽进行司法流程，保障阿丽在询问期间的合法权益。评估阿丽的情绪状态，引导阿丽配合司法流程工作。同步联动相关的正式资源为阿丽提供短期的住宿及饮食照料，保障在此期间的有效监护。

了解阿丽的家庭情况，促进其得到家庭的支持。陪同家属一起为阿丽提供正向支持。

在预防及降低阿丽重犯的层面，聚焦其核心问题，并通过适当的引导调整其认知，从而达到预防重犯的目标。

（四）服务计划实施过程

第一阶段：切实履行合适成年人责任，陪同进行司法流程。

社工向阿丽介绍社工身份及合适成年人服务，陪同阿丽一起进行案情询问与笔录。其间重点评估服务对象的情绪状态。笔录过程中，阿丽的情绪不太稳定，在询问期间阿丽多次不让民警翻查手机历史消息，出现隐瞒案情的情况，并且不愿意联系父母。社工从旁对阿丽进行情绪安抚，告知坦白案情的重要性以及社工和警官都会遵守保密原则，降低阿丽的戒备心理，为其提供情感支持，从而积极配合公安人员的询问工作。阿丽的情绪逐渐平复下来，创伤后应激障碍症状有所减缓，能够积极配合警官的询问，最终顺利完成当晚的询问笔录工作。在阿丽的积极配合下，派出所成功抓捕犯罪嫌疑人。

第二阶段：联动社区正式资源，保障临时监护。

阿丽在广州的询问需要较长时间才能结束，派出所民警一直联系不上阿丽父母，因此阿丽在广州的居住及监管照料成了最大的问题。社工紧急介入，联系了街道相关部门，积极就阿丽的情况制订安置方案。最后派出所协助阿丽在附近找到宾馆把阿丽暂时安顿下来，由派出所提供一日三餐，社工陪护和提供紧急避孕药，保障其健康安全。

第三阶段：与警方积极配合，沟通家属联系情况，运用社会工作专业技巧促进阿丽与家属联系，增强家庭保护与支持。

阿丽不愿意透露家属信息，警方通过系统也无法获取到家属联系方式。社工结合阿丽的心理状态进行介入，通过缓解担忧让其主动与家属联系。在陪护的过程中发现，阿丽睡眠质量低，脑中出现被害闪回的画面，社工对其进行疏导，了解阿丽的兴趣爱好，舒缓阿丽的不良情绪。社工同理安抚阿丽，与阿丽分析与家人的联结，追忆家长曾经对其关爱的经历，最终阿丽在感受到社工的真诚关心和鼓励后，逐渐疏解了自己的担忧情绪，终于拨通了父母的电话。

值得肯定的是家属很快就来到了阿丽的身边，带给阿丽亲人的关怀及稳定，而不是阿丽臆想的鄙视与谩骂。在家属的陪同下，阿丽结束了临时监护，在家属的支持下完成了后续的司法流程，重新回到能够接受、理解她的家庭。

第四阶段：回顾与总结，调整认知，预防重犯，展望未来。

社工在阿丽情绪稳定后与阿丽回顾整个事件，阿丽后悔结识不良朋友，导致自己陷入困境。社工引导阿丽看到自己目前的状态及能力，协助阿丽规划未来的人生。阿丽初期并未能够很好地接纳自己的状态。社工陪同阿丽寻找成功经验，夸奖阿丽有逃离魔窟的念头，并且能够在力所能及的情况下保护好自己，成功报警获救。加之阿丽在社工的引导下联系了家人，感受到来自家庭的关心与温暖，对以往自己的行为有深刻的反思，效能感与改变动机有所增强，表示未来会回老家找一份服务员的工作去开启自己的新生活。

（五）成效评估

社工通过观察、访谈及服务对象的自身表述，发现服务对象在认知行为上有所改变，进而评估成效。

1. 配合警方顺利完成询问笔录等司法流程

担任阿丽的合适成年人，在阿丽监护人到场前陪同阿丽进行司法流程，关注阿丽的情绪状况，提供情感支持，缓解及稳定阿丽的情绪，让其配合警官询问，并保障阿丽在案件询问期间的合法权益。

2. 促进家庭联系，使家庭保护发生作用

陪伴阿丽并给予人文关怀，保证阿丽在派出所询问期间的日常照料。了解阿丽拒绝联系家长的核心原因，促进阿丽主动与监护人联系，提升阿丽的家庭保护。

3. 从个人、家庭等层面进行认知行为的重塑

针对阿丽本次被害经历，社工巧用社会工作技巧，增强其面对困难解决困难的决心及能力。与阿丽探讨对个人未来亲密关系的期待及从事灰色行业的高危情境，提升阿丽的自我保护能力及风险规避意识，让阿丽有信

心继续生活及面对困难。

（六）专业反思

在该案件中阿丽属于来穗的未成年被害人，而且家长在外地不能及时到场。因此需要发挥社工专业辅导及资源搭建的功能，保障来穗涉案青少年的权益。若遇到同类型的案件，作为社工需要"武装"自身，方能从容应对。

1. 推动合适成年人队伍的建设，坚决落实合适成年人制度保护

依据各地区合适成年人工作条例及相关办法，在单位层面完善合适成年人的出勤制度，建立健全合适成年人队伍，及时介入未成年人危机案件。提供合适成年人相关主题培训，提升合适成年人的综合业务能力，做好代理监护人的工作，保障未成年人在询问期间的合法权益。

2. 熟用、巧用个案实务面谈微技巧，助力涉案未成年人面对司法流程

秉承社工的专业工作态度，调整工作心态，运用专业手法，准确评估涉案未成年人的需求，及时提供心理辅导及支持。说明与澄清司法流程，告知其"如实回答"的重要性，促进司法流程的顺利进行，最大限度保障涉案未成年人的权益。尊重是服务对象个人及家庭的情感需要，不管是对被害人还是对犯罪嫌疑人，给予涉案未成年人及家庭足够的尊重能够拉近与涉案未成年人的距离，而陪伴中一句简单的关心话，就能改变涉案未成年人应对司法流程的心理状态，感受到平等与尊重，从而更加配合执法机关的相关流程。

3. 积极联动多方资源，做好涉案未成年人的基本保障工作

社工需要积极与警方联系，了解案情的发展动态，如家属无法及时到达时要尽快向机构报告，积极联动警方、街道相关部门，为涉案未成年人制订合适的临时监护方案，保障涉案未成年人基本生活需求。

参考文献

［1］邵丽娜，孙永生．从标签理论看青少年的违法犯罪行为［J］．魅力中国，2009，65（1）：80-81.

［2］王菁，刘爱书，牛志敏．父亲缺位对儿童攻击行为和青少年犯罪的影响［J］．青少年学刊，2016，112（2）：41-43.

［3］解革辉．基于学校心理学视角的青少年犯罪行为研究［J］．科教导刊（上旬刊），2014，199（13）：229-231.

［4］孙多金．加强青少年的休闲辅导，预防违法犯罪行为产生［J］．青少年犯罪问题，2003（3）：50-51.

［5］柯力．家庭社会资本与青少年犯罪行为关系探究［J］．社会工作（下旬），2009，163（2）：36-37.

［6］陈红侠．亲子关系与青少年犯罪行为之间的关系探析［J］．新西部（理论版），2017，412（19）：72-84.

［7］张秋凌，邹泓，王英春．亲子依恋与青少年犯罪行为、心理适应的关系（综述）［J］．中国心理卫生杂志，2005，19（7）：483-485.

［8］王晓敏，刘伟刚．青少年犯罪行为产生的人格因素初探［J］．学理论，2012，611（5）：84-85.

［9］邸瑛琪．青少年犯罪行为场研究：青少年犯罪行为机制控制研究［J］．中州学刊，2002（1）：185-190.

［10］郑海，翟岩．青少年婚恋纠纷犯罪的犯因性因素及对策分析［J］．华北水利水电大学学报（社会科学版），2022，38（5）：75-83.

［11］秦冠英．青少年群体中未成年人犯罪行为动机分析：一种社会学理论的审视［J］．西部法学评论，2012，100（6）：95-100.

［12］曾哲彪．调整刑事责任年龄之否定：兼论青少年犯罪行为的惩

戒［J］．牡丹江大学学报，2020，29（8）：40－45．

［13］任茗．网络暴力游戏对青少年违法犯罪行为的诱发与防治［J］．四川警察学院学报，2011，23（2）：54－61．

［14］欧阳爱辉，刘旋．专制型家庭教育模式对青少年犯罪行为的影响：以依恋理论为视角［J］．青少年学刊，2019，133（5）：38－42．

［15］孙沛．鲁小华．戒毒人员"心瘾"戒断心理自助手册［M］．北京：清华大学出版社，2022．

［16］迈克尔·库赫．为什么我们会上瘾：操纵人类大脑成瘾元凶［M］．王斐，译．北京：中国人民大学出版社，2017．

［17］斯坦顿·皮尔扎克·罗兹．告别成瘾：用常识代替疾病治疗［M］．吴梦阳，蒋华，等译．上海：上海教育出版社，2020．

［18］大卫·卡普齐，马克·D.斯托弗．成瘾心理咨询与治疗权威指南［M］．王斐，译．北京：中国人民大学出版社，2021．

［19］周亮．从公共卫生三级预防看犯罪预防的理论体系［J］．福建公安高等专科学校学报，2004，78（2）：14－17．

［20］金冬，郭艳红．精神卫生防治工作中健康教育模式探索［J］．中国民康医学，2007，19（11）：1000－1001．

［21］王露颖．论未成年人犯罪分级预防：基于对新修订《预防未成年人犯罪法》的研究［D］．西宁：青海师范大学，2022．

［22］王枫梧．侵犯商业秘密犯罪实证分析及预防策略［J］．河南警察学院学报，2022，31（2）：32－41．

［23］茅蔚．社工介入社区精神卫生防治研究：以L社区为例［D］．南京：南京师范大学，2015．

［24］史蒂文·拉布．美国犯罪预防的理论实践与评价［M］．张国昭，等译．北京：中国人民公安大学出版社，1993．

［25］共青团北京市委员会课题组．北京市青少年不良行为相关问题调研报告［J］．中国青年研究，2015（5）：42－48．

［26］邵世志，黄小力，王瑞鸿，等．不良行为或严重不良行为青少年群体服务管理和预防犯罪工作模式研究：以上海市闵行区为例［J］．中

国青年研究，2013（6）：52－56.

［27］张馨滢. 青少年不良行为的个案研究［J］. 心理月刊，2019（19）：45－46.

［28］李婕. 未成年人违法犯罪矫治教育的完善建议：以某省为例的实证分析［J］. 犯罪与改造研究，2023（2）：56－62.

［29］何宇龙. 小学生心理健康教育不良行为的矫正策略［J］. 教育科学论坛，2022（8）：66－68.

［30］郭开元. 中国未成年犯的群体特征分析［J］. 中国青年社会科学，2015（1）：34－37.

［31］丁子瑶. 不良行为未成年人犯罪预防问题研究：以 A 市的实证经验为例［D］. 南京：东南大学，2020.

［32］杨宪国. 青少年偏差行为致因分析及社会工作介入研究［D］. 广州：广州大学，2019.

［33］何梅清. 社会支持视角下初中生校园欺凌的干预研究：以广州市 H 中学为例［D］. 广州：广州大学，2022.

［34］中华人民共和国预防未成年人犯罪法（最新修订版附修订草案说明）［M］. 北京：法律出版社，2021.

［35］王勍，俞国良. 初中生心理健康的横断历史研究［J］. 中国特殊教育，2017（11）：74－80.

［36］杨英. 社会工作介入初中生负面情绪管理研究［D］. 合肥：安徽大学，2020.

［37］俞国良. 我国青少年心理健康状况分析［J］. 中国社会科学报，2020（1891）.

［38］刘玉娟. 新冠疫情背景下儿童青少年心理健康研究综述［J］. 中国特殊教育，2020（12）：89－96.

［39］辛自强，张梅. 1992 年以来中学生心理健康的变迁：一项横断历史研究［J］. 心理学报，2009，41（1）：69－78.

［40］林梦杰. 父母教养行为对青少年非自杀性自伤行为的影响及教育建议［J］. 中小学心理健康教育，2023，531（4）：10－17.

［41］曹馨元．青少年负性生活事件与自伤行为的关系研究［D］．长春：长春师范大学，2022．

［42］秦宜智．推动青少年权益维护和预防犯罪体系向专业化社会化迈进［J］．中国社会工作，2015，11（31）：15－17．

［43］罗观翠，刘晓玲．广东社会工作发展报告（2018）［M］．北京：中国社会科学出版社，2018．

［44］陆士桢．青少年社会工作［M］．北京：社会科学文献出版社，2010．

［45］董沛兴，刘玉珊，周敏．广州市海珠区"青年地带"青少年服务模式［J］．青年探索，2016，1（增刊）：76－84．

［46］罗观翠．青少年社会工作服务模式及成效研究：广州市海珠区"青年地带"的实践探索［M］．北京：社会科学文献出版社，2013．

［47］李楠，孟续铎．青少年社会工作［M］．北京：机械工业出版社，2019．

［48］于晶利，刘世颖．青少年社会工作理论与实践［M］．上海：格致出版社；上海人民出版社，2019．

［49］王明月．个案工作介入青少年偏差行为矫正研究：以Ｓ社工服务中心为例［D］．咸阳：西北农林科技大学，2019．

［50］孙惠．我国青少年偏差行为的家庭教育问题及对策研究［D］．重庆：西南政法大学，2012．

［51］崔慕岳，乔卫，李霄锋．试论青少年偏差行为的发生及干预［J］．开封大学学报，2011，25（3）．

［52］邓欣．青少年偏差行为及其预防措施［J］．咸宁学院学报，2010，30（4）．

［53］韩凯丽．青少年偏差行为的成因［J］．家庭科技，2021：345．

［54］王永茂．试析青少年违法犯罪的原因［J］．山西青年管理干部学院学报，2002，15（2）．

［55］洪思思．群体亚文化对青少年反社会行为的影响研究［D］．长沙：湖南师范大学，2018．

［56］霍翠芳．消极亚文化对青少年的影响及其主流价值观培育［J］．山东省团校学报，2010（6）．

［57］王方，杨世昌，李琦．大学生常见负面情绪分析与对策研究［J］．吉林省教育学院学报（下旬），2014，30（10）：31－32．

［58］郑媛方．"驻厂模式"下企业社工服务困境与改善对策研究［D］．广州：华南理工大学，2020．

［59］丁玉冰．社工传爱 情暖人心——深圳龙岗"企业社工"运作模式实践回顾［EB/OL］．（2020－09－24）［2023－03－30］．https://m. gmw. cn/baijia/2020－09/24/34219427. html.

后记

十五年坚守　初心不变

　　广州市启创社会工作服务中心（下称启创）自2008年成立以来，以儿童及青少年社会工作作为机构的工作核心，专门设置了儿童及青少年服务部，以满足儿童及青少年的多元化需求。到2023年，服务以广州、佛山、江门、中山为中心，辐射到粤东西北地区，甚至扩大至省外如四川等地。本书是启创实务系列丛书之一，是启创全体青少年社会工作者15年来实践探索的结晶。

　　本书得以出版，要感谢各级政府的指导与支持，特别是广州市民政局、广州市海珠区政府、共青团广州市海珠区委员会，自2008年起作为海珠区"青年地带"项目购买方、监管方，对项目给予了强有力的支持，这为启创的儿青服务打下了坚实的基础。海珠区"青年地带"项目，作为广东省第一个政府购买服务的项目，由启创承接，至今已经15年。感谢参与启创儿童青少年服务的购买方、合作方、服务对象、志愿者、督导老师等诸多人士，为项目的开展提供了热心的支持与指导，并积极参与服务，共同为儿童青少年的成长贡献了自己的力量。15年间，启创在儿童青少年社会工作中做了大量的突破、尝试、创新与总结，在预防青少年违法犯罪、学校社会工作、未成年人权益保障、青少年心理健康等服务上，积累了大量宝贵的本土化实践经验。以广州作为基点，如今启创儿童青少年服务已经覆盖大湾区、粤东西北地区及四川等地，希望以后我们的服务可以触达更多的儿童及青少年，陪伴他们茁壮成长。

　　同时，我们还要感谢为我们提供材料的一线社工，是他们持续的服务探索构成了本书的骨架和血肉，这些宝贵经验，对预防青少年偏差行为工作的开展极具参考意义。在成书过程中，编辑小组刘玉珊、陈敏仪、张燕玉对书稿反复修改，付出了极大努力，使得本书如期出版；第一篇：廖倩

211

婷、欧倩红、卢君婷、林琳（初级社工师）、陈凤斐、聂凤娟等社工，对青少年偏差行为现状进行了分析总结；第二篇：刘玉珊对三级预防机制进行了归纳与创新；第三篇：聂凤娟、高蔼祺、黄华琼、陆倩华、曾雯倩、林琳（初级社工师）、梁夏子、林琳（中级社工师）、刘玉珊、卢葆棋、江丽颖、何玉仪、鲍庆澜、卢君婷、沈梅玲、雷雨晴、马婉怡等社工，积极撰写服务案例，分享实务经验。

坚实的理论背景和15年本土化经验是本书的价值所在，期待我们所总结的三级预防机制介入青少年行为偏差问题的经验，能够为更多的一线社工提供帮助，使更多的青少年受益。我们相信，通过本书的出版，启创能够搭建起青少年服务和交流经验的平台，启创将与从事青少年偏差行为预防工作的同人们一起努力向前！

广州市启创社会工作服务中心

2023 年 5 月